D0579093

TERRA
TARTARARA

ЛЕПИН

TERRA TARTARARA

ЭТО КАСАЕТСЯ ЛИЧНО МЕНЯ

Москва / АСТ / АСТРЕЛЬ

УДК 821.161.1-31
ББК 84(2Рос=Рус)6-44
П76

Оформление переплета
дизайн-студии «Дикобраз»

Прилепин, З.

П76 Terra Tartarara: Это касается лично меня: [эссе] / Захар Прилепин. — М. : АСТ : Астрель, 2009. – 221, [3] с.

ISBN 978-5-17-058382-9 (АСТ)
ISBN 978-5-271-23362-3 (Астрель)

В новой книге Захара Прилепина, прозаика и публициста, лауреата «Национального бестселлера», собраны эссе, написанные за год, – о литературе и политике, о путешествиях по миру и любви...

«Их объединяет ощущение, что Россия вот-вот обвалится на нас, а мы – обвалимся в нее, и будет это – Terra Tartarara. Земля Тартарара. В тартарары, в общем, обвалимся...

Я искренне надеюсь, что все мои предсказания касаются лично меня, и они не сбудутся, и все выводы – не верны».

УДК 821.161.1-31
ББК 84(2Рос=Рус)6-44

Подписано в печать 20.02.09. Формат 84×108 $^{1}/_{32}$.
Гарнитура «Ньютон».Усл. печ. л. 11,76.
Тираж 15 000 экз. Заказ № 132.

Общероссийский классификатор продукции
ОК-005-93, том 2; 953000 – книги, брошюры

Санитарно-эпидемиологическое заключение
№ 77.99.60.953.Д.009937.09.08 от 15.09.2008 г.

ISBN 978-5-17-058382-9 (АСТ)
ISBN 978-5-271-23362-3 (Астрель)

От автора

Книга эссе «Terra Tartarara» сложилась неожиданно и странно.

Однажды, ну вот буквально на днях, я понял, что связка бурных и лохматых текстов, написанных в последние времена (и, как правило, на коленке, в режиме перманентного цейтнота), оказалась подчинена собственной внутренней логике — и все эти тексты едины. Несмотря на то что в одном речь идет о политике, в другом — о литературе, в пятом — об истории, в седьмом — о любви, в девятом — о путешествиях по миру, а в тринадцатом черт знает о чем.

В каком-то смысле «Terra Tartarara» — продолжение предыдущей книжки моих эссе «Я пришел из России». Там была собрана публицистика за все нулевые годы, вплоть до 2007-го. В этой — тексты только за один год, следующий. Но их получилось, во-первых, много, а во-вторых, объединяет ощущение, что та Россия (из которой я, как мне нравится думать, пришел) вот-вот обвалится на нас, а мы — обвалимся в нее, и будет это — Terra Tartarara. Земля Тартарара. В тартарары, в общем, обвалимся.

Ощущение это меня не покидало весь год, и я спешу им с вами поделиться.

Началось все с зарисовки «Милый мой Щелкунчик, дорогой мой Шелкопер», написанной в канун Нового года по предложению журнала «Glamour». Пародируя известную сказку Гофмана, я нарисовал ироническую фантазию на тему предстоящего кризиса в моей стране.

Началось с «Щелкунчика», а закончиться так и не смогло.

В этом смысле и нашумевшая переписка с банкиром Петром Авеном, и размышления о природе русского бунта («Снять черную ржавчинку, вскрыть белую грудочку...»), о Фиделе Кастро («Фидель — это поэзия»), о поэте Анатолии Мариенгофе, бурно приветствовавшем революцию 17-го года и красный террор, за что товарищи даже прозвали его «мясорубкой» («Великолепный Мариенгоф»), о смерти музыканта и революционера Егора Летова и тем более о наших современниках Эдуарде Лимонове и Александре Проханове — являются созвучными, крепко срифмованными.

Не говоря уже про навязчивые мои писания о подступившем к горлу кризисе в любой, наверное, сфере (дурацкое слово какое) нашей жизни: и в политике, и в экономике, и в российском кино, и в душе русского интеллигента, и в сердце русского человека как такового.

Написание книги этой, впрочем, никак не влияло в течение всего года на мое беспечное настроение; убежден, что не повлияет и на ваше.

Я искренне надеюсь, что все мои предсказания не сбудутся и все выводы — не верны.

(А они сбудутся. А они верны.)

TERRA TARTARARA

Все, как всегда, началось неожиданно. Спустя три дня уже никто не мог поверить, что всего этого не было еще неделю назад.

Неделю назад в стране Terre Tartarara выступал министр финансов и в очередной раз уверил всех, что ничего не случится. Неделю назад на первой полосе в прошлом оппозиционной газеты «Tomorrow» было опубликовано 116-е за минувший год интервью главного редактора с представителем главы госкомитета то ли по энергетике, то ли по кибернетике: в целом смысл и вопросов, и ответов интервью сводился к тому, что Empire № 5 уже вокруг нас и ее можно потрогать руками. Неделю назад телевидение было как телевидение, президент как президент, Malakhov как Malakhov, Sobchak как Sobchak, Malakhov как Malakhov.

Ничего не предвещало беды.

Были некоторые проблемы с бывшей колонией страны, землей Ukraine, там как-то постепенно, разгораясь понемногу, началась чуть ли не гражданская война, West против East. Но с другой стороны — разве это касалось страны Terra Tartarara? Напротив, чужие нелады стали, как поначалу казалось, отличным способом еще раз сплотиться вокруг власти в своей земле, где подобного кошмара, безусловно, никто никогда не допустит.

Нужно было, конечно же, что-то предпринимать, тем более что по всей стране неожиданно стали самоорганизовываться добровольческие пункты, которые легко переходили границу и терялись на просторах Ukraine.

Но все как-то ничего не предпринималось, тем более что внутренняя обстановка все-таки несколько раздражала.

Уже около полугода маленькие банки лопались один за другим, а большие уже устали их подъедать. По всей стране разорилось несколько тысяч малых и средних предприятий, которые не смогли взять вовремя нужные им кредиты и стремительно расстались сначала со своими работниками, потом со своими помещениями, затем с директорами и звучными юридическими именами. Большие банки сначала гарантированно выдавали вклады напуганному и недоверчивому населению в объеме до 700 тысяч, потом сумму снизили до 400 тысяч, потом — до 200.

Все это, впрочем, по-прежнему не имело никакого значения.

Больше всего нервничали граждане, имеющие хоть что-то, но они точно не хотели иметь дело с, так сказать, оппозицией. И, значит, ничего произойти не могло.

А те, кто, как и прежде, не имели ничего, смотрели на, так сказать, оппозицию с тем же удивлением, как мужики и мальчишки, зависшие на заборах и деревьях, смотрели в свое время на riot of decembrist.

Оппозиция, как и прежде, щетинилась и повышала голос, но это было немое кино. Тут и не такое не замечали.

К примеру, где-то в районе Caucasus, кажется, в Ingush Republic, уже несколько месяцев шла небольшая позиционная война, имели место захваты заложников и убийства первых административных лиц.

Но и это, знаете, не имело никакого значения.

Равно как и новый виток передела собственности в портовом городе St. Petersburg, связанный с очередной сменой местной власти.

Равно как и недавний случай у границы с государством China, где было вырезано несколько деревень. На главной площади страны, в Большой Башне, минуту подумали, что, может, стоит заявить ноту протеста по этому поводу, но так как никто в мире ничего не заметил, решили тоже ничего не замечать. И не заметили. Быстро отвлеклись на иные заботы, их было много — беда с этими офшорами.

...Да и какой смысл в этих деревнях, есть они, нету их...

Здесь вообще мало что имело значение ровно до того момента, когда нежданно, в одну секунду, значение стало иметь все, в том числе и не имевшее его в принципе. Разом обвалились все смыслы, и все люди предстали голыми.

А началось так, по глупости.

Губернатор области N, крайне встревоженный происходящими в его личной карьере событиями, проснулся больной, раздраженный и даже раздавленный. Его, это уже было точно известно, не переназначили на новый срок. Вчера он был на приеме в Большой Башне и, посекундно задыхаясь, пытался доказать, что с его уходом регион обвалится и рассыплется, экономика остановится, а элиты рассеются. Его молча выслушали и не ответили ни слова.

Пора было вставать и уходить.

Губернатор встал, лобастый, лысый и потный, и еще секунду стоял, дерзнув смотреть самому главному человеку в державе прямо в глаза.

— Вас услышали, — сказал самый главный, не отводя взгляда, и губернатор почувствовал, что его жизненный путь завершен и он ничего уже не успеет, ничего уже не сможет, никому уже не нужен.

— Да что вы услышали... — в сердцах сказал он, разворачиваясь к дверям, и уже на букве «ш» в слове «услышали» начал седеть корнями волос от ненароком вырвавшейся оплошной и нелепой фразы. На выходе он оглянулся быстрым, взмыленным кабаньим взглядом, надеясь, что никто не понял сказанного им, но по первозданной брезгливости лица главного, уже выговаривавшего что-то секретарю, все стало окончательно ясно.

Утром губернатор пришел на работу с жуткой головной болью и тут же был огорошен своим собственным ставленником и крепким другом, начальником местного MVD, потребовавшим срочной встречи и с порога доложившим о шумных беспорядках в кварталах проживания выходцев с Caucasus.

— В чем проблема? — прохрипел губернатор, сжимая голову и потряхивая ей, в детском ожидании, что произошедшее вчера окажется все-таки сном.

— Выходцы с Caucasus утверждают, что милиция убила их человека. Это был очень важный человек. Муфтий.

— Кто?!

— Mufti.

— Кто убил, я спрашиваю? — прорычал губернатор.

— Наши опера. Вчера. В кафе на рынке, — скороговоркой ответил глава MVD. — Но это пока закрытая информация.

Губернатор сжал голову еще раз, так, что показалось, хрустнула черепная коробка.

— Это не сон, — сказал губернатор. Начальник MVD вскинул умные глаза, понял, что фраза его не касается, и сделал вид, что ничего не расслышал.

— Сядь, — попросил губернатор. — Давай-ка выпьем, — и вызвал секретаря.

Принесли коньяк, включили огромный телевизор, размещавшийся напротив губернаторского кресла, закрытый в обычное время специальной панелью. Сразу угодили в новости. В Ingush Republic вчера ночью была попытка штурмовать здания MVD и республиканской управы. Властью был открыт огонь на поражение, погибли люди.

Следом шел комментарий второго лица в государстве, который привычно и жестко говорил о необходимости соблюдения конституционного порядка и недвусмысленно выразил поддержку руководству Ingush Republic. Видимо, ему больше ничего не оставалось делать: а кого еще было поддерживать там, в конце концов.

Тут начальнику MVD позвонили, и он несколько секунд сидел с ледяным лицом; маленькая трубка почти исчезла в мохнатом ухе.

— Демонстрация у здания MVD. Весь центральный рынок собрался... — сообщил он губернатору, отключившись. — ...Возбужденные...

(Наполненные стаканы остались стоять на столе. Этот коньяк выпьет спустя день совершенно посторонний человек, в недавнем прошлом — водитель трамвая.)

— Пожестче там! — крикнул губернатор вслед начальнику MVD, вдохновленный увиденной на экране картинкой. — Дави, если что!

— Пожестче там! Выводи спецназ, — отзвонился начальник MVD своему заместителю спустя минуту.

— Пожестче, ребята! — сказал начальник спецназа личному составу за 10 минут до того, как они высыпали в задний двор здания MVD, и за 15 минут до того, как они выстроились цепью перед злыми, гортанно кричащими людьми.

Собственно, стрелять никто не собирался, но в толпе кто-то бросил безобидный, но очень дымный взрывпакет, и у парня по имени Gavrila Princip не выдержали нервы. (Он только что отслужил «срочку» в районе Caucasus и собирался жениться на подруге убитого в Ingush Republic однополчанина — но подруга была против.) Gavrila неожиданно для себя самого дал очередь прямо в толпу, а толпа неожиданно для самой себя тоже оказалась немного вооружена. Стрелять начали все, но у спецназа стволов было больше, и вскоре они убили множество людей, причем отдельных из них догоняли уже во дворах.

По странному стечению обстоятельств в тот же день через тот же город проезжал поезд, где один вагон был занят парой взводов из состава спецбатальона «Caucasus — East» — они направлялись в портовый город St. Petersburg, разрулить одну сложную ситуацию, связанную с очередным переделом собственности.

В городе N вспомнили об этом только за десять минут до прибытия поезда. Начальник MVD решил блокировать опасный вагон, во избежание эксцессов, тем более что в городе творилось черт знает что. Но в вагоне уже знали о происходящем — им отзвонились собратья из города N, причем звонок, как и следовало ожидать, был маловнятный: в трубку кричали, что «...тут озверели совсем... стреляют всех подряд... Dghohar убит... да-да, двоюродный брат твоего дяди по матери... Hasan убит... да, да, шурин твоего троюродного брата по отцу... вас положат прямо в поезде, клянусь... береги себя, брат!»

Был сорван стоп-кран, бригада высадилась в течение сорока секунд, через 11 минут захватила на трассе три легковых машины и фуру, через 27 минут беспрепятственно, за 1500 rupee, въехала в город через пост GIBDD; а через 39 минут в городе началась гражданская война.

Начальник MVD был убит одним из первых случайной пулей, влетевшей в окно его кабинета, а затем в мохнатое ухо.

Растерявшийся губернатор позвонил в Большую Башню. Его соединили с нужным человеком. Нужный человек безобразно накричал на губернатора (кричал почему-то с акцентом), а в финале разговора послал собеседника прямым текстом.

Слыша беспрестанную стрельбу по всему городу, губернатор выпил полбутылки коньяка из горла, сказал: «Да пошли вы сами...», заказал бронированное авто и выехал в аэропорт, откуда вскоре вылетел за границу.

На помощь бойцам спецбатальона «Caucasus — East» стремительно выдвинулось ополчение из соседнего региона. На помощь горожанам стремительно вернулось ополчение, направлявшееся в сторону Ukraine.

Регион оказался лишен управления, и в городе немедленно начались погромы. Свои боевые бригады быстрее всех организовали: местная преступная группировка — это раз, и служба охраны градообразующего предприятия — это два.

В течение двух суток партизанская война и хаос перекинулись в соседние регионы. В тот же день в разных концах страны, никто уже не знает по какой причине, случились две крупные аварии; в Ingush Republic все-таки сменилась власть, и новоприбывшие сразу же объявили о своей независимости; у границы с государством China началась натуральная резня; в портовом городе St. Petersburg другие два взвода спецбатальона «Caucasus — East», все-таки добравшиеся до места назначения, взяли заложников, но ничего не потребовали.

Зато банки наконец лопнули, сразу все. Остановился транспорт. Упал курс rupee.

Воинские подразделения центральной части страны стремительно проявили свою полную деградацию. Самоорганизованные части народного ополчения отказывались воспринимать хоть чьи-то приказы; но им никто ничего и не приказывал.

Когда на пятый день обращение к нации из глубин Большой Башни было все-таки готово, в половине центральной части страны не было ни местной власти, ни электричества.

...Странная встреча случилась спустя неделю у бывшего губернатора.

Он шел по шумному коридору многоэтажного здания; здесь никто не говорил на его родном языке, но все говорили на чужом, неустанно перебегая из комнаты в комнату (на телевизионных экранах шли стремительные, невнятные, шумные новости из родной страны губернатора). Он только что провел, как сам он это назвал, «консультацию».

У переводчика были рыжие пальцы, он сидел совершенно бесстрастно, но губернатор мучительно мечтал удавить этого свидетеля сразу после завершения беседы.

Но беседа завершилась, и он никого не удавил, а шел себе и шел по коридору.

И тут ему встретился тот человек, что неделю назад послал его прямым текстом, когда губернатор звонил в Большую Башню.

Они минуту стояли молча друг напротив друга.

— Ты что здесь делаешь? — мрачным шепотом спросил житель Большой Башни; впрочем, в речи его чувствовалась некая неуверенность.

— Ты же меня послал, — сказал бывший губернатор шепотом, ухмыляясь и уверенно перейдя на «ты», — ты сам что здесь делаешь? — спросил он.

— ...Я не послал, — ответили ему, и улыбка смягчила губы отвечавшего. — Я не послал тебя, — повторил он по слогам, — я просто назначил тебе встречу. И видишь, мы все здесь встретились.

ВТОРОЕ УБИЙСТВО СОВЕТСКОГО СОЮЗА

...Сегодня это стерлось в памяти, сегодня уже о другом болит.

Но нет-нет и вернется знакомое ощущение гадливости и беззащитности, беззащитности и гадливости...

Знаете, в самом последнем, постыдном, обывательском смысле я ничего не потерял, когда ушел этот Красный союз, когда треснула и развалилась, дымя, империя моя.

Мой папа не был советским патрицием, и мама тоже никем не была. Они были простыми, милыми, добрыми, небогатыми людьми; папа к тому же пьющий.

Мне не о чем было жалеть: мы жили как все — без острой обиды, без грешной печали, без мучительной надежды. Страна была данностью, нас не научили ее сберечь. Советский Союз вообще вырастил генерацию удивительно инфантильных людей.

Детство мое прошло в серой, зеленой, потом опадающей, потом белой, полупустой, негромкой деревне.

Удобства были во дворе, в сельмаге никогда не было мороженого, фруктов, колбасы и кофе, но я и не знал, что они должны там быть; и ничего, с голода не умер, даже не собирался.

Зато у нас был двухэтажный дом: отцу предоставили от школы, где он работал, — и я был горд, горд, горд этим домом: он до сих пор стоит, почти такой же большой, как в детстве, только несколько ссутулившийся.

Я жил в провинции России, где все — медленно, неспешно, еле-еле и, вполне возможно, в никуда.

А нам и не надо было никуда.

В детстве для меня не случилось никакого Советского Союза: я его так и не встретил, не видел его в глаза, не держался за брючину с лампасами, не слышал голоса его. Не осталось даже запаха: пусть бы он пах махоркой, или «Беломорканалом», или, не знаю, оружейным маслом, трактором, ГЭС, мавзолеем, чем угодно. Ничем не пах. И вкуса не осталось: хоть бы килькой в томате он кислил, морской капустой безвкусил, шоколадкой «Аленушка» сластил, новогодней мандаринкой радовал. Но и вкуса не было.

Ничего не осталось: ни особых примет, ни очертаний.

Тихий Союз проплыл мимо моего детства большой и грузной тенью, полный железа и сложных конструкций; почти неслышно осел на дно: стоит теперь там грузный и угловатый, безобидный и ржавый — только тени внутри, только глупые мальки, только течение вялое и ледяное.

Я мог бы придумать, каким был Союз для меня, это несложно.

Помнится, к примеру, такая картина. Деревенский вечер. Знаете, что такое деревенский вечер, зимний, черный и холодный? Нет, вы, верно, не знаете...

Это город полон шумом, машинами, звонками, дворниками, соседями, топотом в подъезде, грохотом мусоропровода, лаем на улице. Даже ночью город подрагивает и постукивает, тормозит и вскрикивает.

А вечер в деревне — это как будто дом лежит под тонной мягкого, глухонемого снега, и только генсек в Кремле и космонавт в спутнике знают, что посреди рязанского черноземья еле теплятся два детских сердца — это я и моя сестренка, сидим вдвоем, почему-то без света, без радио, у печки.

Мне пять лет, сестре — одиннадцать.

И — тишина, только в доме перила скрипят. И — нет никого, один Советский Союз вокруг, огромный, безмолвный, весь в снегу.

И вдруг топот на крыльце, и мы с сестрою слетели со своих табуреток, как две погремушки, полные визга и писка.

— Мама! — сестра.

— Папа! — я.

Родители приехали из Москвы, навьюченные тюками, пакетами и сумками, как рязанские верблюды. Молодые, с морозца, большие и теплые, и если присмотреться, то похожи они на двух взрослых ангелов. Целуют нас и тут же начинают сумки разбирать.

В сумках — о! ах! м-м-м! — сосиски, великое множество сосисок. Если постараться — как раз до второго этажа, по перилам, можно эту связку протянуть и так и оставить вместо новогодних гирлянд, для красоты.

Ну и еще там что-то было: сыры, наверное, круглые; апельсины, наверное, желтые, с черным таким ромбиком на боку; масла еще, булки, спиртное всевозможное, откуда мне все упомнить.

Иные это как унижение до сих пор воспринимают: вот-де, за самым необходимым приходилось ехать в самую столицу. А я никак не воспринимал. Если бы родители за всем этим сходили в сельмаг — кого бы мы тогда ждали так долго с сестрой под тонной темнеющего, глухонемного снега?

Это и не Советский Союз даже, а детство мое. При чем тут Советский Союз вообще, он что, меня обокрал?

Нет, напротив: он дал мне все, что мне было нужно, и никогда не делал вид, что меня нет.

Медсестра забегала за мной, чтобы сделать прививку; соседка приглядывала за мной, малолетним, не прося за это у родителей денег; библиотекарь заглядывала ко мне, чтобы рассказать, что пришел из города «Электроник»; повар в школе подкладывал мне самые сладкие кусочки; участкового я не видел в деревне ни разу, потому что у нас никто не дрался, не воровал, не хулиганил; вся огромная родня наша могла собраться и две, а то и четыре недели развлекаться, напрочь забыв о работах и заботах своих; усталая страна смотрела на всех нас сверху, и во взгляде ее не было ни жестокости, ни отчуждения.

Я только потом это оценил, когда новая страна, в которой я волею судеб очутился, стала делать вид, что меня нет, а если я есть, то она тут ни при чем.

Новая страна вела себя агрессивно, нагло, подло, хамовито. Главным постулатом ее было: «А кто виноват в том, что ты такой убогий? Посмотри на себя, ты! А? Ну, убожество ведь! Видишь, нет? Уходи с глаз долой, видеть тебя не могу...»

Появилось восхитительное слово «совок». Вообще я не жестокий человек, но тому типу, что придумал это определение для всех советских людей вообще, я бы лично отрезал кончик языка. При слове «совок» этот тип издавал бы характерный, ласкающий мне ухо свист.

Нельзя было так говорить. Особенно тогда нельзя было.

Это сейчас от ветеранов Великой и Отечественной остался битый взвод — а в те дни еще в силе находились их могучие ряды. Краснознаменные, упрямые, готовые хоть сейчас в новую атаку, шли они по улицам, подняв морщинистые подбородки, — недаром их так ненавидел злой и взгальный писатель Виктор Астафьев, презиравший все свое военное, окопное, советское, социалистическое поколение.

И вот их — в медалях и орденах, с забытыми меж ребер осколками, их — с гордыми и слезящимися глазами, которыми они четыре года подряд заглядывали за край бездны, — их «совками» прозвать? Их, отстроивших эту страну заново, на которую вы налетели, как последнее шакалье?

Отрезать язык надо было обязательно...

В те дни я, не познавший никакого унижения за три пятилетки своей юной жизни — то есть вплоть до 90-го года, — именно тогда я впервые испытал унижение, злость и обиду.

В те дни Советский Союз получил очертания, и вкус, и цвет, и запах. Ненависть ненавидящих его родила во мне любовь и нежность к нему.

Сегодня, говорю я, все это стерлось в памяти, сегодня уже о другом болит.

Но нет-нет и вернется знакомое ощущение гадливости и беззащитности, беззащитности и гадливости.

Такое, говорят, испытывали и по сей день испытывают иные несчастные дети: когда их мерзкие переростки затаскивают в подвал и пугают всячески, и кривляются, и скалят гадкие рожи, оголяя желтые клыки, и говорят дурное о родных: про мать твою, и про отца твоего, и о сестре тоже. И ты не можешь ничего сделать, и даже расплакаться сил нет, только детский крик в гортани: «Как же так можно, вас же тоже мама родила!»

Я никогда не испытывал подобного в детстве, а вот в юности меня заставили это испытать.

Это было во время первого убийства Советского Союза. Оно произошло не в августе 91-го и не осенью 93-го. Оно длилось, и длилось, и длилось.

Когда теперь я смотрю на судьбу демократии в России и даже пытаюсь эту так долго ненавистную мне демократию спасать, я понимаю, что в самом ее явлении изначально был заложен страшный первородный грех, с которым долго не живут.

О, какую пакость несли вы в те годы, златоусты, прорабы, витии!

...О, как много пакости изливали вы, как больно мне было слушать вас...

Я знаю, какой демократии хочу: не предавший отца своего и деда, не плюнувший себе под ноги, не менявший убеждений с пятнадцати лет — знаю.

Но какой демократии хотите вы, с той вашей, памятной мне, мерзостью о Зое Космодемьянской, с той вашей, незабытой доныне, подлостью о Юрии Гагарине, с той вашей, тлеющей по сей день, пакостью о Сергее Есенине, с вашими неустанными «выдави раба по капле», с вашими неуемными «так жить нельзя», с вашими бесконечными липкими словесами, в которых, как в паутине, путался, вяз и терял кровь рассудок всякого русского человека?

Какие свободы, если самое слово «русский» было ругательным полтора десятилетия! Я же помню, как пришел в журналистику на исходе 90-х и хотел назвать свою статью «Русские заметки», но получил удивленные глаза в ответ: вы что, голубчик? Какие еще «русские»? Знаете, чем это пахнет?

Смешно вспоминать, но ведь так все и было!

Если поднять подшивки журналов и газет тех мутных времен, а то еще и вскрыть телеархивы — можно на любом Страшном суде доказать, что вы не оставили не единой целой косточки в нашей национальной истории, вы поглумились над каждым трупом, вы станцевали на каждой святыне, вы Красное знамя моей Победы выбросили вон, потом не удержались, выбежали вслед и ноги о него вытерли.

Нет вам теперь счастья в России. Отчего вы сделали так? Зачем моя свобода теперь навек ассоциируется с вашими осклизлыми именами, с вашими бесстыдными делами, с вашими червивыми речами?

Потом, да, мы все помним, настало время отдохновения. Исчез хоровод бесчисленных, неуемных, хохочущих сванидз, и остался Сванидзе один — постаревший, уставший, так и не убивший раба в русском советском человеке, но, напротив, взрастивший маленького раба в себе, — я знаю, что говорю, я слышал, как трогательно он перебирает хвостом, когда его спрашивают о моих краснознаменных, диких, юных, красивых друзьях, которым новая жандармерия выбивает зубы, ломает руки и черепа, которых сажают в темницы и забивают насмерть на допросах.

Советский Союз оставили в покое, иногда лишь пинали походя — оттого, что старые могильщики и некрофилы не научены ничему иному, кроме как раскапывать и закапывать, раскапывать и закапывать. И еще оттого, что инфантильные в юности рязановы и евтушенки остались инфантилами пожизненно: они так и не осознали, что охаяли они и что предали.

Но это уже не было государственной стратегией. Напротив, государство послюнявило глаза, сделало скорбный вид и, подняв ржавый горн к небесам, стало периодически издавать им самые разные звуки: то пионерскую зорьку сыграют, то гимн имени Сергея Михалкова, то «Подмосковные вечера», то мелодию из кинофильма «Бриллиантовая рука».

Под эти бодрые мелодии они свершили быструю, неприятную реставрацию ржавого советского репрессивного аппарата и ржавой советской идеологической машины, в которой слова про «учение Маркса—Энгельса—Ленина» заменила увлекательная мантра о стабильности.

Вместо огромных плакатов (я пять лет в школу ходил мимо них) «Решения XXV съезда КПСС в жизнь!» появились такие же, но с предложением воплотить в жизнь тайный план нашего дорогого пока еще президента. Самое обидное, что даже маразматический съезд КПСС был способен к принятию решений, которые, чем черт не шутит, можно было воплотить в жизнь, а вот сегодня плана никакого нет вообще, и этого даже не скрывают от нас.

Но отчего-то весь тот агитационный абсурд, что тридцать лет назад вызывал у миллионов людей то ли зевоту, то ли тошноту, сегодня у многих и многих вновь вызывает приступы бодрости и аппетита.

Так произошло второе убийство уже мертвого к тому времени Советского Союза.

Нынешние реставраторы добились того, чего не смогли сделать никакие витии и мессии в течение всех, гори они красным огнем, 90-х годов: собрав воедино все атрибуты ханжества, глупости и низкопоклонства «красной» эпохи, они бесповоротно доказали, что терпеть это все во второй раз ни сил нет, ни смысла.

Дошло до того, что я сам стал произносить слово «совок». И еще: «Совок, блин!» И иногда даже: «Совок, блядь!»

Отрубите мне кончик языка: я заслужил.

И тем не менее.

И тем не менее.

И тем не менее.

Пока рот мой не забили глиной, я буду снова и снова повторять: моя Родина — Советский Союз. Родина моя — Советский Союз.

Понимаете, вы?

Вот то, что вы растерзали, в чем отложили свои червивые личинки, что вытащили из гроба и снова нарядили, — вот это все — не моя Родина. Я с этим под руку не пойду, как делает нежно любимый мной Александр Андреевич Проханов. Он не разочаровался еще в попытках вдохнуть жизнь в эту гадкую мумию. А я не хочу, я брезгую.

Мой Советский Союз не оживить, он умер, я знаю место захоронения: там горит Вечный огонь, туда можно выйти сквозь любую темноту и вновь ощутить себя ребенком, за которого есть кому заступиться.

Мой Советский Союз не опошлить: потому что на Вечный огонь не оденешь шутовской колпак, его не пересадишь в колбу, и он не станет гореть там, куда не снизойдет живой дух никогда.

Мой Советский Союз не оболгать, он знает себе цену и помнит свое имя.

Напоминаю тем, кто забыл, что родился он не в результате разврата на германские деньги, но в ходе — Великой — это р-р-раз! — Октябрьской — это два! — Социалистической — это тр-р-и! — Революции, — это все.

Это все, говорю.

ДОСТАЛО

Нет, мы вас предупреждали. Мы пытались договориться.

Мы склоняли повинные (на самом деле ни в чем, в отличие от ваших, не повинные) головы и пытались протянуть теплые пальцы навстречу вашей руке: «Да, это была страшная эпоха, вся эта советская власть. Эпоха ужаса и трагедий. Давайте вообще не будем об этом больше. Давайте думать о завтрашнем дне, о будущем. У нас так много забот».

Слова получались неловкие, деревянные, клацали боками, как поленья. Клац-клац.

Мне очень не хотелось спорить с либералами. Пока я клацал боками, либералы смотрели на меня насмешливо. Ну-ну, продолжайте, молодой человек. Продолжайте-продолжайте. Что вы там сказали: давайте забудем? Семьдесят лет кровавого режима забудем? Черную дыру, засосавшую Россию? Две трети столетия, потраченные впустую? Всю эту бездарную, неустанную, бессмысленную бойню? Растоптанные понятия о справедливости, милосердии и чести? Я пожимал плечами: ну, что мы можем, в конце концов, со всем этим сделать? — вопрошал я. «Вы тоже, — опрометчиво, но еще миролюбиво говорил я, — совершили немало ошибок...» Ну, конечно, ага. Российские либералы — совершили немало ошибок? Ну, конечно.

Вообще не совершили, как выясняется, ни одной.

Все эти ошибки, да-да-да, были заложены еще тогда, в мрачные годы проклятой советской власти. Кризис географии и демографии государства. Гибель деревни. Упрощение культуры. Экономический коллапс. Падение нравов. Распад оборонки. Чечня. Буденновск. Немыслимые взрывы домов в столице нашей Родины. Подлодка «Курск». Битцевский маньяк. Квачков. Женя Родионов. Торговля детскими органами. Торговля курсантами в военных училищах. Беспризорность. Пахучие стада бомжей. Шприцы в подъездах. Гастарбайтеры. Таджикская девочка. Русский мальчик. Цветущие публичные дома, расположенные в частных квартирах ровно напротив зданий внутренних органов. Очень длинный список ошибок. Огромный, беспощадный состав, накативший на нас из небытия семи десятилетий, — и если бы не мужественные либеральные деятели, стоявшие плечом к плечу на путях, состав обрушил бы нас в кромешную бездну.

Но не обрушил. Нас спасли. До сих пор спасители носят на лицах розовые маски благодетелей. Когда я слушаю непобедимо надменных либералов, когда я вижу, как, скажем, раскудрявый нижегородский реформатор одергивает зарвавшихся «левых», объясняя, что их место на свалке, в который раз снисходительно бросая: «...Мы знаем, чем все это закончилось», меня немного ломает, и где-то в подсердечье бьется раздражительная жилка, которая вот-вот лопнет.

Мы зарвались только в том, что зовем их вместе с нами, наряду с нами, не оставляя друг друга и не предавая, разрешить несколько насущных проблем. Но разве с нами можно иметь дело — им, белоснежным, с яркими глазами, с яркими губами.

Послушайте, я, человек безусловно левых взглядов, готов принести вам вины за то, что я не совершал. Готов простить вам вины, которые вы совершили. Уже простил, потому что вы во многом правы (только не пытайтесь сейчас же откусить мне всю руку и еще часть туловища, если я только что ненароком подал вам палец). Я готов вообще жить вне идеологий и забыть о своей, если вы не будете с утра до вечера попрекать меня ею, подсовывая вашу, единственно верную, точку зрения.

Но только уберите эту вашу невыносимую самоуверенность с лиц. Но только станьте в конце концов либералами, хоть ненадолго. Я тоже буду либералом вместе с вами. Останемся каждый при своем касательно истории прошлого столетия, в нашем либеральном благодушии и равноправии.

Так я просил. Так просили мы. Искренне и доверчиво глядя честными глазами.

В ответ смотрели лица, похожие на яблоки. Глаз на них разыскать было совершенно невозможно. Смотрелись эти лица красиво и розово, но неизменно возникало ощущение, что у яблока повсюду сплошной затылок.

Может, я чего-нибудь не заметил, но я вообще не помню, чтобы нам хоть кто-нибудь ответил. Если только так, сквозь зубы: флаг перекрасили? Сталина прокляли? Ленина признали земляным червяком? Нет? И даже с тем, что война велась бездарно и погибли на ней 27 миллионов человек, тоже не согласны? Зачем вы тогда вообще сюда пришли?

Млядь, я не пришел. Я тут стоял. Идите сами откуда пришли.

В разговоре с либералами все время нужно выбирать выражения. Только они выражений не выбирают.

Знаете что? Я свободу люблю не меньше вас. Идите к черту.

Идите к черту вместе с вашими девяностыми годами, когда вы, ну, или ваши, так и не оставленные вами вожди, раз за разом предали все: и само понятие свободы, и само понятие мужества, и само понятие либерализма, и само понятие чести.

Больше не люблю их, эти годы, хотя уже готов был полюбить. Но вы мне не дали. Больше не терплю их и терпеть не буду. Больше девяностых годов я не люблю только нулевые, но только вы не делайте вид, что нулевые вас не касаются. Вы их и породили и по сей день стремитесь в них разместиться.

В детстве, засыпая, я мечтал стать стремительным, на черных крыльях, ангелом и иногда обрушиваться на голову всяким дурным людям. Мечты об этом по-мальчишески забавляли меня, и в мечтаниях своих я засыпал.

Сейчас, вдохновленный вами, снова мечтаю о том же, только заснуть больше не умею.

Глядя на вас, я по-мальчишески хочу обвалиться куда-нибудь в Беловежскую Пущу и бить их, всех собравшихся там, голова о голову, до полного остервенения.

Глядя на вас, я мечтаю ворваться за стекло голубого экрана и эдак по-булгаковски, по-мастер-маргаритовски, в прямом эфире оторвать Сванидзе голову. Живой Николай Карлович пусть живет, а экранному голова не нужна, пусть она под столом валяется и шевелит активными губами.

Глядя на вас, я хочу, чтоб вы прожили тысячу жизней, накапливая рубль за рублем, и чтобы вас ограбили дважды подряд, на все эти рубли. И чтоб еще тысячу лет прожили вы в Приднестровье, а следующую тысячу — в Абхазии, и далее везде, особенно в Чечне, и не важно, какая у вас там будет национальность, русская, чеченская или еврейская.

Ай, как дрогнул зрачок, ну-ка перечитайте еще раз абзац выше, вдруг там что не так, нет ли там чего такого.

И главное, чтоб после всех этих ограблений вы так и остались жить в стране пустой, бессмысленной, нищей и ничтожной, лишенной и космоса над головой, и твердой почвы под ногами, и гордости за то, что вы, ее дети, здесь родились, а не на другой щеке земного шара.

Потому что, сколько ни грабили и ни мучили отцов моих и дедов, вот это чувство — радости и гордости — их не покидало.

Я, впрочем, о своих отцах и дедах говорю, а не о ваших. Ваши не знаю, что чувствовали, я за них не ответчик.

Глядя на вас, я хочу устроить над вами самый честный, самый пронзительный, самый независимый человеческий суд, потому что грехов у вас хватит на десять тысяч пожизненных сроков. Не у всех, не у всех, конечно, — но у тех, кого вы до сих пор носите на своих иконах, — у них хватит, зуб даю. Осудить их, доказать их бесконечную, чудовищную вину, а потом простить, конечно, — когда все эти сроки впаяют. Простить и отпустить с миром.

Чтоб вы наконец сняли с себя эти белые одежды и презрительные лица, чтоб заткнулись говорить на тему покаяния моего народа за весь двадцатый век, за все его муки, и страдания, и Победы — и Победы, черт возьми. Какие вам и не снились, каких вы и не видели, каких вам, при вашей нынешней остервенелости, и не достичь никогда.

А мы хотим быть наследниками Побед. Так.

Потому что наша Победа вмещает всех. И даже вас там примут, и приютят, и пожалеют.

Потому что она и ваша тоже, эта Победа. Она выше всех, надо только научиться быть ее достойным.

ДЕЙСТВИТЕЛЬНО НЕ ПОНИМАЮ

Тут недавно глава «Альфа-банка» Петр Авен написал разгромную рецензию на мой революционный роман «Санькя».

По этому поводу в Сети разразилась огромная дискуссия, в которой участвовало несколько сотен ЖЖ-юзеров; следом подключились известные журналисты, придумавшие новый жанр: рецензия на рецензию. К примеру, свою рецензию на рецензию Петра Авена написала Тина Канделаки; роман она мой, судя по всему, не читала, но с Авеном согласна безоговорочно. Потом подключились Игорь Свинаренко, Илья Мильштейн, Алексей Коровашко...

Петру Авену я отвечу в другом месте (звучит как угроза, но это не угроза), а вот вакханалия в прессе и в ЖЖ меня даже как-то растрогала, и я хочу немного поделиться своими соображениями на этот счет. Потому что заявленный моими оппонентами, как сейчас модно говорить, дискурс имеет некоторое отношение к тому кризису, которого все так ждут и опасаются.

Сразу оговорюсь, что это будет очень личный разговор; так что, если кому нелюбопытно, как, например, я живу и как живут мои близкие, лучше сразу забросить чтение данной статьи.

Побуждают к личному разговору меня следующие соображения. До недавнего времени мне периодически приходилось спорить с моими либо либеральными, либо государственнически настроенными знакомыми о будущем России. Было замечено, что в то время, пока я старательно напираю на статистику, сыплю цифрами про беспризорных и безработных, радею за демографию и географию, мои раздраженные собеседники начинают всякий ответ со слов: «А вот мой сосед... А вот у меня... А вот я... А вот мой одноклассник...» В итоге всегда получалось так, что, если смотреть на моих собеседников, а также на их одноклассников, соседей и прочую домашнюю живность, все вокруг более чем хорошо; что до кошмарной статистики, то она тут вовсе ни при чем, ее, видимо, придумал эдакий зловредный народец, «статисты», которым самим жить плохо и другим они норовят настроение испортить.

И тут я постепенно задумался о себе, а не о статистике. Особенно обострились мои размышления с подачи моих недавних оппонентов — в первую очередь потому, что и сам Петр Авен, и Канделаки, и Свинаренко нестройным, но гулким хором обвинили меня в своих статьях, прямо скажем, в буржуазности. Вотде — писали они каждый на свой лад — живет себе писатель, имеет две машины, личного водителя и дачу строит, а сам при этом про какую-то революцию рассуждает. Нехорошо-с.

То был первый общий постулат их выступлений.

Надо признаться, такой подход меня очень обрадовал: я вообще люблю, когда богатые люди разговаривают со мной как с равным. Это значит, что я хорошо выгляжу. Могу то есть мимикрировать. Никто же не видел моих машин, как минимум одну из которых легче убить, чем продать, дачи моей никто не видел, где нет тепла и периодически света, и даже водителя моего никто не знает, который на самом деле не совсем мой.

Но я правда хочу, чтоб все это было мое; и даже мечтаю перебраться из двухкомнатной квартиры, где мы живем впятером — с женой и тремя детьми (а до недавнего времени еще и матерью моей жены), — хотя бы в трехкомнатную. Буржуазный я или нет, в конце концов!

В том-то и дело, что нет.

Второй важный постулат моих оппонентов и бессчетного количества ЖЖ-юзеров как раз касался проблемы получения статуса буржуа теми лузерами, недоумками и недоделками, которые к нему стремятся, но достичь не могут, посему из чувства обиды и зависти устраивают революции.

Авен прямо говорит, что эти люди просто не хотят работать. И банкиру не в чем перед ними оправдываться, раз они не хотят. «*Те, кто не хочет, на мой взгляд, должны оправдываться передо мной*» — так он и пишет.

Тина Канделаки тоже имеет свое мнение на этот счет. «*Есть бедные двух видов, — пишет она, — бедные из группы "золушка" — я сама когда-то принадлежала к этой группе, и думается мне, что пара-тройка российских представителей списка "Форбс" тоже из наших; другая группа состоит из бедных рыбаков с женами-идиотками, которым даже золотая рыбка — она же лотерея, она же джекпот в казино — богатства так и не принесла. Печальный опыт всех "случайных больших денег" заключается в том, что люди, не умеющие зарабатывать деньги, не умеют их тратить. А потому остаются бедными*».

Прочитав все это, я подошел к зеркалу и стал внимательно смотреть на себя.

Ну что сказать... В общем, я не самый последний в России писатель. За несколько лет я продал здесь сто тысяч книг и вышел на вторую сотню; еще множество своих книг продал в тех пяти, кажется, странах, где они переведены.

Потом я востребованный журналист и веду сразу несколько колонок в столичных изданиях; и даже в «Огоньке» меня привечают иногда.

Мало того, у меня есть свое ООО, и там работают несколько человек, и сам я там получаю зарплату, по среднероссийским меркам — вовсе не маленькую.

И вот я честно плачу налоги государству, и с книг, и с переводов, и с иной своей деятельности, вкалываю с утра до вечера — и до сих пор ни фига не пойму, что мне еще нужно сделать, чтобы я хотя бы мог купить квартиру — потому что в своей мы не помещаемся.

То есть у меня полно проблем и помимо квартиры — но я уж не стану все их прямо сейчас выкладывать. Пока только за квартиру скажу. Где мне ее взять, ау! Растолкуйте мне на пальцах скорей.

Пойти, что ли, оправдаться перед Авеном в том, что я не хочу работать? Но я хочу.

Я всегда хотел: и когда грузил хлеб в магазине, и когда работал в ОМОНе, и когда колесил по области в качестве криминального репортера, потом политического обозревателя, потом редактора газеты, потом опять репортера.

Но я никогда! не мог! купить! себе! квартиру. Это абсолютно точно. Мне тридцать три года, из них почти полтора десятилетия я работаю, иногда на двух работах сразу, — и я даже не мог мечтать о квартире хотя бы минуту. Зато моя семья несколько раз оставалась вообще без средств к существованию, и еще были целые периоды, когда мы по нескольку месяцев — однажды целую зиму — ели одну жареную капусту, потому что жрать больше было нечего, все доходы уходили на лекарства — и не важно, кому на лекарства, всегда есть кому поболеть.

Призрак нищеты по сей день маячит предо мной неустанно — она до сих пор не ушла настолько далеко, чтоб я перестал чувствовать ее противный запах; ее злые глаза светятся из темноты.

Быть может, права Тина и я точно не золушка, во-первых, и, во-вторых, не умею тратить деньги, поэтому вынужден «оставаться бедным», — но, может быть, мне кто-то объяснит, как бы мне их заработать, чтоб раз и навсегда убедиться, что тратить их я не умею? Тина, не объясните?

Я действительно не понимаю, в качестве кого в России нужно трудиться, чтобы приобрести жилплощадь в крупном городе, например в Москве. Или в Санкт-Петербурге. Или в Нижнем Новгороде. Кто и как фиксирует зарплату человека, который покупает себе недвижимость? Чего он делает, этот человек? Кем устроился?

Я даже не очень понимаю, где работают люди, которые готовы брать кредит и платить за квартиру десять лет, — потому что и таких денег у меня нет; и уж тем более нет уверенности, что они будут у меня все эти годы. (Про кредиты мы вообще говорить не станем, в нынешних-то условиях.)

И что это за государство такое, какая у него финансовая система и насколько прозрачна эта система, если его граждане, тем более в бюджетной сфере, в принципе — если живут по закону, на зарплату, пусть даже не самую большую, — не могут приобрести себе жилья? А если приобретают, то они, ну, в девяти случаях из десяти, где-то как-то кого-то обманывают, то же государство, например.

Это же как-то нездорово, что ли.

Тут к разговору подключились ЖЖ-юзеры, и я рискну процитировать некоторых из них — из числа не согласных со мною.

Вот юзер bel_ok, о котором я не знаю ничего, кроме того, что он — женщина, сообщает: «*Все, кому не нравится созданное буржуями рабочее место, могут его покинуть и создать свое прекрасное*».

С bel_ok пытались спорить: «*Чушь. Рабочий на заводе не может, например. Большинство специалистов тоже. Подавляющая часть людей не может этого сделать даже теоретически*».

Но bel_ok была непреклонна: «*Может любой, кто захочет. Другое дело, что те, кто не хотят самостоятельной ответственности за свой заработок, хотят непременно, чтоб им все гламурно сделали там, где они привыкли быть.*

Рабочий с завода может уйти на другое предприятие, заняться другим видом деятельности, более востребованным на рынке. Специалисты тем более могут, если они действительно Специалисты. Если люди давно утратили свою квалификацию и конкурентоспособность, то учиться, учиться, учиться им надо <...> *Успешные люди так и делают: уходят оттуда, где им плохо, туда, где лучше могут реализовать свои таланты. Если таланты есть, то это нормальный путь. Если талантов нет, то, конечно, все вокруг виноваты*».

С bel_ok еще раз, из последних сил, попытались не согласиться: «*Шахтер (на закрытой шахте!) или металлург-технолог (на единственном в городе обанкротившемся предприятии!) — они таланты? или какой-нибудь специалист по проектированию профиля сопел жидкостных ракетных двигателей? им куда “успешно” “реализовать свои таланты”*?!»

Ответ уже слетал с языка: «*Знаю четверых специалистов по проектированию профиля сопел. Двое имели свою успешную фирму по вентиляции и кондиционированию и проектировали кондиционеры. Параллельно еще торговали какими-то летательными аппаратами легкомоторной авиации. Сейчас из виду выпали. Чем-то другим занимаются. А потомственный ракетчик променял секретность на возможность путешествовать по всему миру. Имеет свою интернет-компанию и строго не реже двух раз в год куда-нибудь путешествует.*

Девушку, которая параллельно с ракетным образованием получила в МАИ специальность бухгалтера и потом работала бухгалтером, я слишком давно из виду потеряла. Ничего сказать не могу.

Шахтеру и металлургу надо менять профессию.

Лично я к своей инженерной профессии вернулась через должности дизайнера и менеджера по продажам, но уже на новом витке и с новым опытом работы. Опытные инженеры, умеющие грамотно продавать, — это большой дефицит на рынке. Так что меньше капризничайте, и все у Вас получится».

Признаться, я был в восторге.

Женщина все-таки! И такой дистиллированный цинизм. Ой, нет. Это называется «социал-дарвинизм».

И опять, видите, у нее много знакомых, и у самой отличный опыт. Умеют же люди.

Вот я знаю деревню, где жили родители моего отца, и другую деревню, где жили родители моей матери. В обеих деревнях средняя зарплата тысячи, скажем, три; хотя, возможно, меньше. Вообще в России 25% населения живет в сельской местности. И теперь я знаю, какие плакаты стоит развесить во всех этих деревнях и селах. «Не капризничайте!» И еще что-нибудь, мелким шрифтом, из Канделаки, про «бедных рыбаков с женами-идиотками». Очень актуально будет смотреться.

Я в разные годы бывал в городках России, которые депрессивны целиком: там остановилось все производство, и жить невозможно, и уехать нельзя. Закрывая глаза, я вижу, как все население этих мрачных поселений, тысяч, скажем, семнадцать человек снимаются с места и медленно идут в Москву. Приходят туда, встают на центральной площади и говорят: «Мы пришли переучиваться. Бедные рыбаки и жены-идиотки, все пришли. Переучите нас».

Недавно я вернулся из путешествия по Сибири; и вот думаю за сибиряков, живущих, скажем, в поселках: как им быть? Чтоб накопить только на билет до Москвы, надо продать свой дом, а можно еще и дом соседа. Но что там делать потом в Москве? Это понятно, «не лениться», «не капризничать» — это мы слышали. А конкретно что? Поселиться с пятьюдесятью таджиками в однокомнатной квартире и начать свой путь на вершину? «Великая московская мечта».

Или вот моя мама. Она медсестра. Она тридцать пять лет в медицине. Молодая, в сущности, женщина, еще целая жизнь впереди. Недавно вновь устроилась на работу. Зарплата четыре тысячи рублей. Подскажите кто-нибудь, на кого ей нужно выучиться, чтоб зарабатывать, например, шесть тысяч. Или ей нужно переехать в Москву? К таджикам?

Папа мой умер, но до того он двадцать лет преподавал в школе. Ему сейчас было бы около шестидесяти, и он бы по-прежнему учил детей истории; и ему тоже не мешало бы переучиться на кого-нибудь, не ребенок ведь — чего не поучиться. Иначе как бы он ощущал себя человеком и мужчиной в России?

Прошу прощения, что я тут говорю тривиальные и очевидные вещи. Но мои оппоненты нисколько не стесняются произносить свои очевидности. А они известные люди, им внимают массы.

Мы живем в забавном государстве, думаю я: здесь, чтобы реализовать свои элементарные права — право на крышу над головой и право на хлеб насущный для себя и своих близких, — надо исполнить необычайной красоты кульбиты. Менять родные места и работы, получать одно образование и работать в другой сфере, идти по головам, причем желательно не ногами идти, а на руках... Просто крестьянином быть нельзя. Просто медсестрой быть нельзя. Просто инженером быть нельзя. Просто военным быть вообще не рекомендуется.

Самое смешное, что вывод у нас один и тот же: содержание населения России нерентабельно.

Философия социал-дарвинизма, которой нас так вкусно и обильно кормили во времена пресловутой «перестройки», — она не устарела. Она актуальна как никогда. Мало того, она и есть — наша государственная идеология. В качестве идеологии социал-дарвинизм не озвучивается, но, безусловно, подразумевается.

Есть тихое, как зуд, ощущение, что на этой земле государство никому ничего не должно.

Граждане, правда, тоже не очень должны государству. Например, они вовсе не должны участвовать в политике. И даже если им кажется, что они должны, — им это только кажется. Они не должны иметь претензии. А то претензии будут к ним.

Я сделал все, чтобы это государство не имело ко мне претензий. Взрастил свой сад, вскормил свой род и буду дальше растить и дальше вскармливать. Но я так и не услышал не то что ответа, но даже эха, когда прокричал государству: «Я действительно не понимаю, как здесь всем нам, рыбакам-идиотам, выжить и кто станет защищать эту страну, когда она обвалится в кризис».

Я действительно не понимаю.

НЕ ХОТЕЛОСЬ ВСЕРЬЕЗ, НО ПРИДЕТСЯ...

Ответ Петру Авену

Журнал с очаровательным названием «Русский пионер» опубликовал статью главы «Альфа-банка» Петра Авена о моем романе «Санькя», а потом предложил мне Авену ответить.

Аргументация моего оппонента оказалась, к сожалению, предсказуема; я как-то даже не ожидал, что мне в который раз сообщат, что нехорошо устраивать революции вместо того, чтобы «посадить дерево, построить дом, постирать носки, прочитать на ночь сказку ребенку...», ну и так далее, бла-бла-бла.

Ситуация усугубляется тем, что я, автор романа «Санькя», на сегодняшний день и далеко не первый год состою в партии, которую нельзя называть (так как она запрещена в нашей замечательной стране, где право на политику заменено полноценным правом стирать носки и далее по списку).

Как следствие — мне приходится отвечать не только за героев моей книги, но и за себя.

По странному стечению обстоятельств последние полгода я в муках занимаюсь строительством дома и обустройством близлежащих территорий, включая посадку деревьев. Сказку я читаю на ночь не просто ребенку, а сразу троим ребенкам. Лампочку я в своем подъезде вкрутил, налоги заплатил и даже содержу небольшое предприятие, обеспечив рабочими местами двенадцать человек.

Да, забыл про носки; к сожалению, я не стираю их дома, так как у меня есть стиральная машина; зато я маниакально чистоплотен в поездках; так что могу в качестве доказательства выслать в отдел аналитики «Альфа-банка» несколько пар собственноручно выстиранных носков, которые я привез из недавней поездки по Сибири.

Несмотря на то что свой гражданский долг я (равно как и многие мои товарищи и герои) выполнил и даже перевыполнил, я никак не могу понять, какое отношение имеет мое личное поведение к состоянию страны, в которой я живу. Ничего не знаю о том, как себя чувствует страна, где проживает г-н Авен, но касательно будущего моей земли предчувствия мои, пожалуй, апокалиптичны. Ни экономика этого государства, ни внешняя политика, ни отношение к гражданам и к их свободам, ни простые человеческие манеры представителей власти не дают мне надежды, что Российская Федерация сохранит свою географию и разберется со своей демографией.

Догадываюсь, что нечто подобное испытывают герои моей книги (даже нескольких моих книг). То, что не все из них успели посадить свое дерево, ничего не отменяет. Зато многие из них успели посидеть (и поседеть) сами — во имя тех ценностей, с которыми многие их оппоненты с удивительной легкостью расстались, вполне благополучно устроившись в мире безо всякой там свободы и прочих парламентских благоглупостей.

Ничего, что я так примитивно рассуждаю? Все ведь гораздо сложнее, вы думаете? Ну, вот я так не думаю. В данном случае все достаточно просто.

Различие мое, равно как и моих героев, с г-ном Авеном примитивно и поверхностно: в случае кризисной ситуации он, совместно со своей семьей, если таковая имеется, сможет покинуть эту страну и наблюдать за ходом событий извне. Что бы он там ни писал про свою ответственность за эту страну, в нужный момент всегда можно будет сослаться на «взбесившееся быдло». А я не могу вывезти отсюда ни себя — черт бы со мной, — ни своих детей, что меня, признаюсь, пугает. И сослаться мне не на кого.

И вовсе не страдания ищут герои мои — напрасно г-н Авен наделяет их поведение паразитарными смыслами: и в книге, и в жизни они, скорее, этого счастья жаждут, и пользоваться им умеют, и хотели бы разделить эту возможность с иными людьми.

«Вирус (левизны, разрушения, социализма) в большей части мира (отсталого во многом благодаря ему) кажется непобедимым, — сетует г-н Авен. — И пишутся все новые и новые статьи — Валерия Ильинична Новодворская выдает по одной в неделю. Не помогает».

Когда я слышу подобные речи, мне каждый раз втайне хочется понимающе подмигнуть оппоненту — ну, не может же он всерьез все это говорить. Ортодоксальным социалистом быть сегодня и скучно, и нелепо. А вот ортодоксальным либералом по-прежнему вроде как прилично.

И если я Авену подмигну, он не поймет, что это я тут моргаю.

В итоге во что я должен поверить? Что благодаря «вирусу левизны, разрушения, социализма» появился сегодняшний Китай или вопреки вирусу? У нас же из истории родного Отечества известно, что все лучшее созданное советской властью появилось вопреки ей, а все худшее — это дело рук гадких коммуняк.

Я всерьез должен поверить, что в дюжине латиноамериканских стран живут и богаче, и свободнее, и самобытнее, чем на Кубе? Что в Латвии несравненно лучше, чем в Белоруссии? Что будущее Северной Кореи предопределено, а Южной — радостно и оптимистично?

А что за вирус мучит Европу и США, с их все более усиливающейся растерянностью и откровенным креном в сторону госкапитализма, планового производства и прочих артефактов недавнего нашего прошлого?

Увольте меня из вашего черно-белого мира, где капитализм надо только разрешить, а социализм надо строить, причем исключительно на человеческих костях. Этот мир отменен давно, капитализм, безусловно, не менее жесток, жаден и страшен, чем любая иная форма правления миром, а свою бесперспективность доказали многие и многие идеологии; причем в России доктрина либеральная обессмыслила себя особенно стремительно, старательно и страстно. Я даже жалею об этом, честное слово.

В моей книжке много говорится о том, что новые времена все более идеологичными делают человеческую моторику, харизму, мужество.

Тем более что оппонировать на поле идеологий нынешней власти совершенно бессмысленно. Ввиду ее полной идеологической аморфности власть в России в любое мгновение может принять «левый» окрас, может даже «красно-коричневый», а может и «оранжевый» — была бы необходимость, а PR приложится.

Посему идеологический спор меж мной и г-ном Авеном бесперспективен: и я куда более переживаю за други своя, чем за все идеологии, вместе взятые, и г-н Авен, будь он действительно либерал, давно бы занялся в России другими делами вместо руководства крупнейшим банком.

Что касается чисто человеческих претензий г-на Авена — что моими героями, моими товарищами и, возможно, мной самим движут «неудовлетворенные амбиции, лень и страх», — то здесь можно лишь руками развести.

Предполагаю, что вполне прозрачный страх движет г-ном Авеном, а моими сотоварищами движет бесстрашие, уж простите за высокий штиль.

Если «ленью» лукаво называть любое желание встраиваться в существующий порядок вещей — то да, тогда и лень; правда, лень эта обладает странными свойствами — когда люди проявляют чудеса работоспособности и выживаемости в любых нечеловеческих условиях, попасть в которые для всякого ленивого человека было бы равносильно смерти.

Неудовлетворенные амбиции движут всеми нормальными людьми; и политические амбиции не хуже любых иных. Правда, в данном случае я бы не говорил собственно про амбиции — потому что куда больше героями моими движет желание быть людьми, жить людьми, любить людьми — и отвечать за многое, за все, за целую страну, а не только за «рабочие места, стипендии — будущим инженерам» и все то, что не без сладострастия приписывают себе и г-н Авен, и многие ему подобные. Низкий вам поклон, что тут сказать. Только оставьте людям право измерять свою жизнь другими категориями. И не надо делать вид, что «рабочие места и стипендии» — это нечто такое, чего никогда не было в мире до вас, а потом вы это придумали и подарили людям, наподобие огня или колеса.

Г-н Авен в своей статье брезгливо помянул лишенный очистных сооружений, «самый грязный город в мире» Дзержинск, где жил я, а он не жил никогда. Такое ощущение, что Дзержинск построили нацболы, одарив неподалеку гостившего у бабушки молодого Авена астмой, о чем он сам вспоминает. Построили его, однако, не мы, но я все-таки замечу, что Дзержинск никогда не был самым грязным городом в мире, и даже в советские времена делил звание одного из самых грязных городов со своими коллегами на Западе, вовсе не опережая их. В Оке, на которой стоит Дзержинск, я все детство купался, и люди там без вреда для жизни купаются до сих пор и рыбу ловят — чего не рискнут делать граждане в половине крупнейших европейских столиц, не говоря о людях, проживающих близ зарубежных химгигантов (которые, правда, многомудрые капиталисты предпочитают переправлять в страны третьего мира — создавая при этом, конечно же, рабочие места дикарям, но лишая рабочих мест собственных граждан).

Но я не о том. Я просто хочу сказать, что Дзержинск, равно как и другая моя, малая родина — деревня Ильинка в Рязанской области, — актуальные по сей день примеры массового исчезновения рабочих мест, и остановки десятков огромных производств (в Дзержинске) и привычного сельскохозяйственного оборота (в Ильинке), путем банкротства колхоза. Я никоим образом не желаю обвинить г-на Авена в произошедшем — как и в том, что в России до сих пор ежегодно, как при нескончаемой чуме, исчезает сотни деревень, — но, право слово, все ваши «рабочие места и стипендии» объективно не способны изменить здесь ситуацию.

Не способны. И не меняют.

Так что делайте свое дело и не мешайте заниматься своими делами другим людям, пусть и не похожим на вас. Либерализм — не сектантство. А то мне иногда кажется, что вы чужую свободу ненавидите не меньше, чем всевозможные ксенофобы и националисты самых постыдных мастей.

Самое важное наше с г-ном Авеном различие в том, что для меня свет клином не сошелся на моей правоте, и я в ней вовсе не уверен, но лишь ищу ее (о чем неоднократно и прямо, и косвенно говорю внимательному читателю в своем романе). Зато г-н Авен в своей правоте уверен бесконечно и яростно, он-то давно все понял.

А мы нет. Ну и флаг нам в руки.

Что до стилистических претензий г-на Авена к тексту моего романа, то здесь мне придется замкнуть уста. Может, и у меня есть претензии к г-ну Авену по поводу его банковской деятельности — но едва ли он их стал бы даже выслушивать.

А я вот выслушал и смолчал.

Определенно, я человек большой культуры.

ФИДЕЛЬ – ЭТО ПОЭЗИЯ

В ночь росы прогибаются ветви,
Мои губы и память как лед.
Я погибну на самом рассвете,
Пальма Кубы меня отпоет*.

Такое вот во мне звучит...

Нет, вы всерьез верите, что у любого американского президента грехов меньше, чем у Фиделя? Ткните пальцем в первого попавшегося янки из Белого дома за те полвека, что Фидель провел у власти, — их бодрых дел хватит на трибунал в любой Гааге. Этих янки было девять, и едва ли вы вспомните имена хотя бы трех из них. Зато имя Фиделя помнят все.

Ну, были диссиденты на Кубе, и, о да, поломанные судьбы были. Но найдите мне место на планете, где раздраженных нет, где тонких судеб не ломают о государственное колено. Тем более — экономическая изоляция, огромная туша США, застящая белый свет и великолепное кубинское солнце; а еще предавшие музыку революции и оглохшие на оба уха маразматики из СССР в лице главных друзей Фиделя... Ему было трудно.

Ему было сложно, и он ответит за все, но мы все

---

* В статье использованы строки стихов поэта Юрия Кузнецова и текст песни «Куба далеко» группы «Запрещенные барабанщики».

равно должны ему за поэзию. Если вы ее не слышите — никто не виноват.

Все черти славы в сковородки били,
И мертвецы вставали из могил,
Когда я шел в тумане красной пыли
И Кубу на подошвах уносил.

Без хриплого, сумасшедшего голоса Фиделя планета Земля была бы скучной. Помните, как она опустела в той песне про Гагарина и Экзюпери — вот так же тошно было бы и без него.

Ковбой Рейган, Хрущев с кукурузой, даже полковник Каддафи, и все северокорейские лидеры, чьи имена мы отчего-то знаем, и все южнокорейские, чьих имен ни помнит никто, — все это неизбежно наводит тоску, тощищу наводит, а Фидель так и не надоел за все это время.

Представьте, что Хрущев полвека руководил бы Россией, до сих пор бы кричал тут про «пидарасов»? А? Или Рейгана на 50 лет посадите в Белый дом... Невозможно даже подумать об этом, немедля возникает желание завыть. А как только Фидель появлялся на голубых телеэкранах — сразу хотелось танцевать.

И бомбой взорвется рубма
От Бреста до Магадана,
И будет такая Куба,
Одна сплошная Гавана.

Он сделал из маленького народа народ великий, упрямый, несломленный и гордый. Единственное социалистическое государство в Западном полушарии! И там, надо сказать, не умирают от голода. Мало того, продолжительность жизни на Кубе — почти 77 лет у мужчин и 79 у женщин. Что неудивительно — ведь на 100 тысяч кубинцев приходится 591 врач, в то время как в США — 549, у нас — 420, а в Боливии — 73.

И хотя там падают темпы рождаемости, на Кубе до сих пор наблюдается именно что прирост населения, то есть людей по-прежнему год от года становится больше, а не меньше. В отличие опять же от России: у нас если в позапрошлом году вымерло 800 тысяч человек, а в прошлом «всего» 700 тысяч — это на чистом глазу именуется «демографическим взрывом».

Сил уже нет все это выслушивать в самых разных аранжировках...

Закрою глаза, и мигом
Все вокруг такие мучачос,
Все вокруг такие амигос,
А открою глаза и плачу...
Куба далеко!

На Кубе миллион юношей и девушек имеют высшее образование, при том что кубинцев всего 11 миллионов. Еще там реальный подъем экономики вовсе не связан с приростом количества кубинских миллиардеров, которых там нет вовсе.

Бог любит кубинцев не меньше, чем Хемингуэй, — они милы ему настолько, что возле берегов Кубы недавно нашли нефть. Всего лишь в 20 милях к северо-востоку от Гаваны! Чуть ли ни 10 млрд баррелей: для экспорта вполне хватит и еще самим останется.

Сегодня многие спорят, что станется с Кубой после Фиделя.

По большому счету, это уже не важно. Фидель отвоевал чуть ли не целое столетие у истории, намертво впечатав туда свое горячее имя, — не такая уж малая победа, и разве стоит желать большего? Даже самые злые враги Кастро не смеют испытывать сегодня злорадства — и это очень важно.

Какая разница, что придет на Кубу — китайский государственный капитализм, американский протекторат или русское бездорожье. Хочется, конечно же, чтобы Куба осталась все той же, единственной в Западном полушарии, горячей и страстной Кубой, — но при любом исходе история ее уже сложилась и пересмотру не подлежит. Имя Фиделя звучит как поэтическая строчка, и сколько еще отдаваться этому имени в жадных до веселого дела сердцах — никто даже не догадывается.

Что тебе снится теперь, Фидель, в этом жарком кубинском феврале?

Зимой 56-го года отряд Фиделя высадился на берегу Кубы, это был декабрь.

Зимой 57-го года Фидель провел бой у реки Ла-Плата, и это стало первой удачной операцией его бойцов, то было в январе.

Зимой 59-го года Кастро во главе колонны Повстанческой армии вступает в столицу и вскоре занимает кресло премьер-министра, как раз в феврале, 49 лет назад.

Самолично в эту зиму уходя от власти, Фидель одерживает очередную зимнюю победу, и, возможно, еще не последнюю.

Он по-прежнему полон достоинства и в отличие от большинства государственных правителей минувшего столетия, известных мне (уж российских-то наверняка), не делает вид, что собирается жить вечно: «Готовить Кубу психологически и политически к моему отсутствию — вот что было моим главнейшим обязательством после стольких лет борьбы, — говорит Фидель. — Я бы предал мою совесть, принимая на себя ответственность, требующую мобильности и полной самоотдачи, которых я лишен по физическим причинам. Я говорю это без драматизма».

Это слова не пасынка, но сына. Тот самый случай, когда подступившая к глотке драма звучит светло и чисто. Ну, как поэзия, я же говорю. В России эта высокая нота особенно хорошо слышна.

Раньше Кубе снилась наша страна. Потом Куба снилась нам. После сны перепутались, и краски их размылись. Но стихи все еще звучат.

Мне снилась даль, подсолнух подле хаты,
Калитка, отраженная в реке.
Когда на берег я сбегал по трапу,
Стучало сердце в каждом каблуке.
Я к матери бежал, кусая губы,
В косых лучах смеющейся слезы.
А по стране, как отпечатки Кубы,
За мной тянулись красные следы.

А это уже о будущем. Это уже о будущем сказано.

СЛИШКОМ МНОГО ПРАВЫХ

Мне и не вспомнить теперь, с какой целью мы собирались с пацанвой на огромном сеновале, в конюшне. Скорее всего, там было тепло, а внизу дышал и перебирал большими губами конь. Приходил конюх, и мы затихали в испуге, беспричинно хихикая в ледяные воротники.

В переизбытке чувств, чтоб всех вконец рассмешить, один чернявый, с наглыми глазами пацан из соседней, приросшей к нашей деревни нарисовал на морозном оконце свастику: до сих пор вижу его грязный ноготь и вдохновленное лицо с ехидным прищуром.

Сосед мой, Саша, живший через дорогу от нас, простой и, быть может, не самый разумный паренек, завидев рисунок, дернул щекой и спросил:

— Ты это... опять?

— А чего? — ответил чернявый. — Я вообще считаю, что Гитлер был... что надо. Столько стран захватил.

Утопая в сене, Саша перевалился поближе к оконцу и звонко ударил рисовальщика в челюсть.

Тот ответил дурным, обиженным матом и сразу получил еще раз, но уже в нос, из которого яркая и очень обильная весело полилась кровь.

Сашу я не видел уже четверть века, но многие годы в дурных и унизительных ситуациях, когда унижали не меня даже, а нечто крайне важное вне меня и надо мной, я говорил себе: «Сейчас Сашка придет и...»

Слишком много толерантности, знаете ли. Слишком часто я сам себе позволял всевозможные вольности, которые позволять нельзя: не было Саньки на меня.

Настали времена относительности всех понятий и атрофировали наше сознание. Мы способны разжевать и сплюнуть любую очевидность, пожав плечами и сказав: «Ну, это сложный вопрос, нельзя так однозначно...»

Это простой вопрос. Нужно именно что однозначно, не то можно словить в челюсть.

В тот раз Сашка начал затирать свастику варежкой, но получалось плохо, и он снял с правой руки связанный бабушкой дар и приложил к нарисованной свастике голую ладонь. Через минуту гадкого рисунка не было: зато был отпечаток детской руки на стекле и сквозь нее — почти бесцветное зимнее солнце.

Я вспомнил в ту минуту, как позавчера, в школе, сам нарисовал такого же паука в тетради, привычно перепутав, в какую сторону свастика смотрит. Вспомнил и сам себя застыдился. Как бы этот стыд пронести через всю жизнь.

Мы и так в последние времена оказались почти что в пустоте: с тысячелетним рабом внутри, с историей Родины как сменой методов палачества, а «Есенин был странно близок с гомосексуалистами», а «Космодемьянская оказалась душевнобольной», а «Гагарин не летал в космос», а еще разруха в головах, тьма в подъезде, и к свободе мы пока не готовы.

Оставьте нам хоть что-нибудь, хотя бы одно крепкое место в этом болоте, где мы удержимся на одной ноге, вторую поджав, что твоя цапля — с неизменной лягушкой в клюве. Чего-чего, а лягву нам всегда подсунут. Но нет нам крепкого места, все туда кто-то другой стремится присоседиться, а нас спихнуть. Атаман Всевеликого войска Донского и по совместительству депутат Государственной думы Виктор Водолацкий подписал указ о создании рабочей группы по реабилитации повешенного за сотрудничество с нацистами генерала Петра Краснова.

Ох, атаман Всевеликого войска, ой, не шути так сегодня...

«Пока Москва корежится в судорогах большевизма и ее нужно покорять железной рукой немецкого солдата — примем с сознанием всей важности и величия подвига самоотречения иную формулу, единственно жизненную в настоящее время: “Здравствуй, фюрер, в Великой Германии, а мы, казаки, на Тихом Дону”» — так писал Краснов в июле 1942 года.

«Железной рукой», значит, «нужно покорять» Москву. И железной пятой топтать потом.

Мой рязанский дед как раз в июле 42-го заканчивал учебку, и вскоре вывезли его в чистое поле под Сталинградом, где получил он первую свою контузию и потерял первого напарника — дед был пулеметчиком, — и только «вторых номеров» у него убило шесть человек за войну.

Другой мой, липецкий, дед — комбайнер, имевший бронь, последний раз жал тем летом рожь и осенью ушел в артиллеристы, а потом попал в плен, откуда вернулся 47-килограммовым доходягой: двухметровый мужик. Чуть не выдавили из него жизнь железной рукой.

Теперь казачий депутат рассказывает нам, что Петр Краснов сражался против большевизма. То есть, если бы, скажем, рязанскому деду моему снесли опозоренной казачьей шашкой беспартийную голову, это оказалось бы борьбой с Советами, а никак не с моим дедом и не с моим родом?

Не родился бы я, не родились бы родители мои, не было бы детей моих — зато и большевизма не было бы: так, верно, стоит мне рассуждать.

Надо задуматься нам, неразумным, над словами атамана Всевеликого войска. Видимо, мой подход слишком одиозен, однобок, относителен. Я историю Родины пытаюсь соотнести с той кровью, что текла в моем покойном старике, чья парадка весила как кольчуга, с той кровью, что течет во мне и нынче переливается в сыновьях моих. А соотносить историю надо с чем-то иным: чему, к несчастью своему, прозванья я не знаю.

«Казаки! — взывал Краснов в 1944 году. — Помните, вы не русские, вы казаки, самостоятельный народ. Русские враждебны вам. Москва всегда была врагом казаков, давила их и эксплуатировала. Теперь настал час, когда мы, казаки, можем создать свою независимую от Москвы жизнь».

Славные речи, а! Тем более что у нас до сих пор очень большая страна, издавна враждебная и казакам, и Новгородской республике, и Сибири, и Казани, и Дагестану. Как тут не поддержать атамана в его высокой правоте.

К тому же Виктор Водолацкий упирает на то, что Краснова не имели права вешать, так как он не был гражданином Советского Союза, а потому изменником Родины считаться не может.

Какая неглубокая казуистика, однако. Может, тогда и реабилитировать его не надо: он присягу давал Российской империи и Государю Императору — вот пусть где-нибудь в той стороне и в той стране его и реабилитируют. У нас нынче ни империи, ни императора нет, чтобы данный вопрос разрешить в угоду атаману Всевеликого войска.

Зато у нас есть одна Победа, одна на всех... И не дай Бог мы опять продешевим.

Пусть на небесах покоится душа отважного генерала. На земле нашей нет ему места. Он сам сделал свой выбор.

Не усердствуйте так, атаман. Не ровен час какой-нибудь Санька бродит неподалеку, с цепкой рукой в бабушкиной заиндевелой варежке.

ПРИКЛЮЧЕНИЯ БЕЗРАБОТНОГО

Наивный юноша, увольняющийся из спецназа, в 199... году я прибыл в город N в надежде найти работу. На предпоследние деньги купил я пышные, как перины, газеты с вакансиями, разложил их на полу и прилег рядом.

Сердце мое подрагивало в приятных предчувствиях. Меня возбуждало самое слово «вакансии», в нем слышался гул моего бесконечно очаровательного будущего.

Сейчас я найду себе отличную работу, был уверен я, и мне будут платить много денег, ведь я молод, красив, обаятелен. То, что я никакими полезными навыками не обладал и последние пять лет ничего не держал в руках, кроме автомата, меня не волновало.

О наивность юношества. Единственный способ познания мира.

Ввиду того, что ни плотником, ни столяром, ни газовщиком, ни крановщиком я быть не мог по определению, мое внимание сразу привлекли набранные крупным шрифтом, изобилующие восклицательными знаками объявления о поиске «экспедиторов» и «продавцов-консультантов». Это как раз то, что мне нужно, был уверен я. Я стану лучшим в мире экспедитором. Тем более что все эти вакансии, согласно объявлению, были высокооплачиваемы.

На звонок ответила светлым и сладостным голосом особа женского пола: «Здравствуйте, меня зовут Катя. Давайте знакомиться?»

Несколько легкомысленно улыбаясь, я назвал свое имя.

— А сколько вам лет?

Прозвучала цифра.

— Замечательно! Учитесь, работаете?

Выяснилось, что и с первым, и со вторым в моем случае покончено; но со вторым — временно.

— Очень хорошо! — неизменно реагировала моя очаровательная собеседница, улыбаясь за кадром. Сердце мое при каждой положительной реакции сладко вздрагивало. «Подхожу! Подхожу! — пели в душе ликующие птицы. — Нет, все-таки у меня замечательные данные: и возраст, и образование...»

— Итак, мы предлагаем вам следующие вакансии, — сообщили мне, перечисляя. — ...Вас что-то заинтересовало?

Конечно, заинтересовало, особенно обещанный размер зарплаты. «Вас будут ждать по такому-то адресу».

Фирма, куда я направил стопы, имела внушительную железную дверь, которую мне открыли только после того, как я назвал фамилию в домофон и показал паспорт охраннику в белой рубашке и галстуке.

Приемная выглядела прекрасно: солидная мебель, успокаивающие обои, ковер, за спиной миловидной секретарши музыкальный центр с большим выбором компактов.

Присев на диванчик, с презрением или, гораздо реже, с интересом оглядывал я своих конкурентов. В основном молодых людей мужеского пола. Некоторые нервничали, некоторые вели себя развязно. Секретарша, улыбаясь, раздала всем анкеты. Нервные буквально выхватили анкеты из белых душистых рук;

наглые брали лениво, не вставая, и тут же спрашивали: «Ручку дадите, что ли?» Секретарша была выдержанна и корректна: «Вот, пожалуйста».

По заполнению анкеты меня и еще одного молодого человека пригласили в кабинет к директору.

Директор был красив, подтянут, молод — не старше тридцати. Одет безупречно, ногти на руках будто полированные.

Первый вопрос: как вы и вот вы потеряли работу?

— Нахожусь в отпуске и ищу новое место, — поясняю я.

— Причина? — генеральный директор смотрит серьезным и твердым взглядом.

Называю убедительную причину; на лице директора удовлетворение.

— А вы, Толя? — обращается он к парню, зашедшему вместе со мной.

— Я не работаю.

— Как давно?

— Год.

— Как случилось, что вы целый год (ударение на двух последних словах) не работаете?

— Не мог устроиться.

— Куда вы устраивались?

— На завод.

— Но у меня же не завод! — директор изображает некоторое неудовольствие. Спрашивает у нас про образование, и я снова в выигрышном положении перед несчастным Толей.

— Итак, — переходит директор к делу, — я не могу взять на работу всех подряд. Мне нужны люди деятельные, инициативные и коммуникабельные. Работа сложная, требующая физической активности. В моей фирме 72 человека, все с 8.00 до 19.00 находятся в разных местах города, выполняют всевозможные задания. Вы коммуникабельный человек? — спрашивает он у меня. Как можно красноречивее убеждаю его в этом.

— Ну что ж (отлично выдержанная пауза) ...вы мне (пауза по типу «секундная задумчивость») ...нравитесь. Но, естественно, я не могу вас сразу поставить начальником отдела. Мне нужно на вас посмотреть в деле. Можете завтра посвятить нам целый день?

— Конечно, могу, — немедленно соглашаюсь я, уже уверенный, что через неделю я точно буду начальником отдела.

— Завтра в 8.00 сюда же. Всего хорошего.

Крепкое мужское рукопожатие. С трудом сдерживаю довольную улыбку, которая все-таки проявляется, когда я слышу за спиной:

— Ну а что же мне с вами делать, Толя?

В сердце моем расцвела ясная уверенность, что я всю жизнь мечтал быть экспедитором или мерчендайзером. Даже не зная смысла этих слов.

На другой день в полвосьмого я на месте. Топчусь у железной двери. Не пускают. Строго тут у них, сразу видно — порядок. Это вам не «хочешь похудеть — спроси меня как». Собираются претенденты. Чем больше претендентов, тем меньше мне нравится происходящее.

Нас впускают. В приемной за десять минут набирается человек тридцать. Мало того что неудачливый Толя здесь и масса подобных ему нервно подрагивающих юношей, — среди созванных на подготовительный день обнаруживаю вместе с нами прошедшую тяжелый отборочный день женщину бомжеватого вида, которая, открыв сумку (в ужасе ожидаю, что она достанет что-то вроде бутерброда), извлекает оттуда пачку календариков и тут же преподносит в качестве подарка соседям, затем секретарше.

В соседней с приемной комнате слышны звонкие юношеские голоса, шум, крик, визг и хохот. «Что у них там, театральный кружок?» Со временем шум упорядочивается, мне слышно, как за стеной произносят бойкие речовки, но разобрать слов я не могу.

Наконец вся эта толпа из соседней комнаты вырывается на волю, мальчики и девочки, — все куда-то уходят, при расставании хлопая друг друга по ладошам — эдак по-американски, вертикально поставленной рукой.

Юноши с несытым вожделением в глазах считают своим долгом хлопнуться ладошками с невозмутимо улыбающейся секретаршей. «Дурдом какой-то», — раздраженно думаю я, но тут же одергиваю себя: «Ну, просто у них тут веселая и дружественная обстановка, сплоченный коллектив».

Меня вызывают к директору.

— Как дела? — сегодня в его голосе звучит целая гамма жизнеутверждающих чувств, вплоть до полного восторга.

— Отлично! — в тон ему отвечаю я. («Чего мы так кричим?» — думаю про себя.)

— Вот, даю тебе наставника. Знакомься, это Андрей. Пообщаешься с ним, он тебе все объяснит.

Выходим. С нами еще один парень — видимо, уже некоторое время поработавший. Иные мальчики и девочки, вооружившись объемными пакетами, расходятся по улице в разные стороны.

Я спрашиваю у Андрея, чем занимается фирма, в душе уповая, что все будет в порядке.

— Сейчас поедем совершать сделку — все увидишь.

Ну, сделку так сделку. Садимся в автобус, разговариваем. На конкретные вопросы мой собеседник отвечает пространными фразами, где фигурируют «дистрибьюторы», «бонусы» и прочие приметы серьезного дела.

— Давай-ка сначала, — обращаюсь я к нему. — Что у вас означает «бонус»?

Наставник насмешливо смотрит на меня: «Чудак-человек — бонуса не знает».

— Ну, например, у нас каждое утро проводится конкурс на лучший анекдот. Выигравшему — три червончика. Бонус.

— Понятно.

— Приедет глава московской фирмы — бонусы будут до 100 долларов.

— За лучшие анекдоты? («Определенно дурдом».)

— Нет, лучшей команде, набравшей большее количество единиц.

— Каких единиц?

— Все реализованное исчисляется единицами.

Я начинаю уставать:

— И для чего ты реализовываешь эти единицы?

— Ну вот представь, что вместо центральной городской ярмарки — гора мусора. А под этой горой — дипломат с акциями. Будешь копать?

Я молчу. Он окликает меня по имени. Собираю остатки энтузиазма: может, я просто мнителен?

— Конечно, буду, Андрей. Вот ты до чего докопался?

— До многого. Сейчас мы заедем ко мне домой — я тебе покажу сертификат профессионализма, который я недавно получил.

Заехали. Недовольная молодая жена открыла дверь и сразу пропала куда-то. Будто к реликвии, мой наставник подвел меня к вставленной в рамочку бумаге. У меня дома таких много, называется «Почетная грамота». Давали их мне как пионеру, с неизменной активностью участвовавшему в Ленинских маршах. Только с печатями. А на этой грамоте печати не было. Посередине украшенного нелепыми вензелями листа чернела гордая надпись: «Сертификат профессионализма», под надписью — приписанная от руки, корявым почерком, видимо, самого профессионала в неведомой пока области, его же фамилия. В левом углу, напротив отпечатанного слова «директор», — неразборчивая подпись. Кто ты, директор? И чего именно?

Андрей смотрел на меня с искренней гордостью. Я заглядывал ему в глаза с интересом, сдерживая желание пощелкать у него пальцами перед лицом, сначала слева, потом справа.

— Андрей, покажи мне, пожалуйста, как ты работаешь. Мне интересно.

— Ну ладно, примерно это выглядит так. Я буду показывать, а ты записывай. Основой умелой работы является знание краткого курса, именуемого «Пять шагов, восемь ступеней».

«Через две ступени, что ли, надо шагать?» — пытаюсь в уме найти логику.

— Вот ты клиент, — говорит мне наставник. — Первые шаги: улыбаться, смотреть глаза в глаза. Итак, начнем.

Неожиданно мой наставник распахнул взор мне навстречу; казалось, что он превратился в парус и сейчас его унесет.

— Здравствуйте! — воскликнул он, глядя на меня глазами мягкими, как шанкр. — Как дела? Сегодня у нашей фирмы юбилей. На ярмарке с 12-го числа открывается выставка-распродажа товаров нашей фирмы. Мы предлагаем вам в качестве ознакомления несколько вещей, которые будут представлены на выставке, но, конечно, гораздо дороже!

Взгляните: часы. (С изяществом провинциального фокусника мой наставник достает коробку, на которой изображены старомодные, мышиного цвета часы.) Такое ощущение, что в коробке ничего нет! На самом деле! они! там! — прекрасные, подходящие к любой мебели, безотказно действующие часы. Не мне вам говорить, что они в любом магазине стоят от 700 рублей. Наша цена — всего шесть червончиков.

Но и это еще не все. (Извлекается колхозная косметичка.) Мне ли вам говорить, что мех чернобурки — самый дорогой из всех пушных зверей. Шесть кисточек из меха чернобурки находятся в данной косметичке. (Открывает неказистую коробочку, я вижу что-то наподобие небольших акварельных кисточек, которыми когда-то в школе неудачно пытался передать бредовые тона заката.) Точно такая же, но чуть побольше, — продолжает наставник, — на ярмарке стоит 200 долларов. Мы предлагаем всю косметичку всего за пять червонцев. Но здесь есть еще сюрприз. (Сует мне в руки эту гадость.) Нажмите на кнопочку. (Нажимаю, и за зеркальцем загорается нудный желтый цвет, смутно схожий с тем, что наводит тоску в уборных поездов дальнего следования.)

Сейчас зима, темнеет рано, — продолжает Андрей работу со мной, «клиентом». — Косметичка с таким сюрпризом будет незаменимым подарком вашей подруге или матери. Но и это! Еще! Не все! Вы, конечно же, видели рекламу степлера по второму каналу ТВ. Его закупочная цена — 12 долларов. Не мне вам говорить о его назначении. («А какое у него назначение?» — подумал я.) ...Склеивать пакеты! Продукты в пакетах, склеенные степлером, купленным у нас, могут храниться сколько угодно! У нас, ввиду праздника, он стоит всего четыре червончика. Если вы купите все эти товары, общая стоимость которых составляет всего 150 рублей, вас ожидает сюрприз.

Тупо смотрю на своего наставника.

— Обычно спрашивают, что за сюрприз, — недовольно подсказывает он.

— Что за сюрприз (без вопросительного знака)...

— Детский конструктор! (Извлекается пластмассовая машина, набитая детдомовскими, разного размера кубиками.) Данный конструктор включает в себя 124 детали. В любом магазине он стоит не менее 200 рублей.

Купившему у нас весь набор конструктор достается... бесплатно! Итак, покупаете? — Андрей вошел в роль.

— Да, — говорю, — заверни.

— Подожди, — останавливает наставник. — Последний шаг — re hech, то есть двойной оборот.

— Что это?

— Продолжаем разговор с клиентом, — Андрей вновь преображается. — Стоит ли напоминать, что на носу столько праздников! Данный набор будет лучшим подарком вашим друзьям... И если покупают еще один набор, — на мгновение он выходит из роли, — то я говорю: «А ваш директор только что купил восемь наборов! Слабо еще пару? Неужели у вас так мало друзей?», — Андрей придвигается ко мне в упор.

— Я все покупаю, вместе с пакетом.

На мою иронию наставник не реагирует и сразу, без перехода, рассказывает мне про восемь ступеней, а потом еще про готовность ко всему и веру в свое дело.

Третьим в нашей компании был паренек лет восемнадцати, все руки в наколках. На улице спрашиваю его тихо:

— Недавно вернулся?

— Ага, четыре месяца.

— Как попал на эту работу?

— Три месяца искал. Нигде после тюрьмы не берут. А здесь — всех подряд.

На что-то еще надеясь, спрашиваю у Андрея:

— А как же экспедиторы?

— А их вакансии уже заняты, — отвечает он мне.

Опечаленный, но еще не разочаровавшийся, вернулся я в свой дом и вновь улегся животом на газеты, подтаскивая за шнур телефонный аппарат, который цеплялся за ковер, что твой котяра.

Зачем-то снова набрал телефон той фирмы, где был.

— Алло, это по поводу работы, — сказал я.

— Давайте знакомиться, меня зовут Катя.

— Потом познакомимся. Катя, меня интересует, какие вакансии вы предлагаете.

— У нас открыты вакансии экспедиторов, торговых представителей...

— Я сегодня с утра был у вас, — перебиваю ее. — Мне предложили поносить пакет с барахлом. Вы скажите, у вас есть вакансии экспедиторов?

— Уже нет, — ни капли не смутившись, ответили мне.

Порывшись в газете, обнаружил я другое объявление: «Все на музыкальный склад — требуются продавцы-консультанты». Немедленно позвонил, помогая нетерпеливым пальцем телефонному диску возвращаться на место.

— Девушка, — начал первым, — я хотел бы участвовать в конкурсе на должность продавца-консультанта. У вас есть такая вакансия?

— Конечно, молодой человек. Обязательно отличное знание музыки. Дело в том, что в нашем городе открывается сеть музыкальных магазинов и...

— Все понял, — оборвал ее я. — Давайте знакомиться.

На следующий день я уже произносил свою фамилию в домофон на железной двери. Вошел в коридорчик, где из подсобной комнаты доносились речовки и смех. Отчего-то не ушел сразу.

Директриса, коротко стриженная блондинка, в красивых тонких очках, лет тридцати, свободно расположилась в кресле.

— Присаживайтесь, — предложила и мне.

Я присел, облокотившись для удобства на внушительный и широкий стол. Не поднимая на меня глаз, что-то записывая, директриса сделала мне замечание:

— Это. Мой. Стол.

Пожав плечами, оставив при себе: «А это мои локти», извинился и убрал руки. Табуретка, которую мне предложили, была маленькой и неудобной, вынуждая сидеть либо по-кадетски прямо, либо по-стариковски ссутулившись. А ведь в прихожей, вспомнил я, располагалось с десяток отличных кресел.

«Методы... как в уголовном розыске... — подумал я, брезгливо ежась. — Им надо сразу... унизить...»

— Давайте знакомиться. Меня зовут... — холодно улыбаясь, заговорила директриса. — Наша организация называется «Творческая студия Дома офицеров», то есть работа творческая, дисциплина — армейская. («При чем здесь продавец-консультант?» — думаю. Еще думаю: «Вот сидит наглая птица в чулках и рассказывает мне про армейскую дисциплину».) Итак, чем вы занимались до сегодняшнего дня?

Честно рассказываю.

— Надо же, какой разброс... — говорит она.

— Я думаю, что это плюс, — отвечаю.

— Ну хорошо. Я хотела бы сразу вас предупредить: коллектив у нас боевой, веселый. Для ребят выйти на главную городскую улицу и спеть песню не проблема.

— Веселый коллектив — это замечательно, но я, собственно, слышал, что вы предлагаете вакансии продавцов-консультантов.

— Почему я вам что-то должна предлагать? Я вас первый раз в жизни вижу!

Определенно, эта дама получала удовольствие от своей работы.

— Я готов участвовать в любом конкурсе и для этого сюда пришел, — ответил я, мягко улыбаясь.

— Чем вы увлекаетесь? — перевела она разговор.

— Музыкой. («Ну не макраме же, если я здесь!») Некоторое время играл в рок-группе.

— Вы вообще общительный человек?

— Очень общительный. У меня две тысячи друзей.

— В конкурсах, КВНах участвовали?

— Несколько десятков раз. И в половине случаев получал призы.

— Ну что же... Вы мне... нравитесь. Вы можете посвятить нам целый день?

— Конечно, могу.

— Завтра, в восемь утра...

— Я обязательно приду, — перебиваю я, — но мне очень интересно, чем я буду заниматься.

— Вы будете работать.

— Что именно я буду делать?

— Я дам вам наставника, и вы увидите.

— Вы не могли бы мне сразу сказать?

— Заниматься деятельностью, напрямую связанной с музыкой.

Не получается у нас разговаривать.

— Вы мне скажите, пожалуйста, — насколько могу убедительнее прошу я, — мой наставник будет рекламным агентом?

— У нас есть постоянные клиенты («Видимо, те, кому хоть раз что-то сбагрили»), есть новые.

Крепкая девушка. Военную тайну не выдаст. Иду на «ты».

— Я вот вчера зашел в одну фирму, так они дали мне пакет с помойным барахлом и попросили убедить как можно больше прохожих, что выгоднее купить содержимое пакета всего за 150 червончиков, чем, умаявшись в очередях, выложить несколько сот долларов за тот же товар в магазине. Запевки, кстати, в той фирме такие же, как у вас. Самое главное, я все это умею, даже лучше, чем эти ваши дети, — пять шагов, восемь ступеней, — но я не буду этим заниматься.

Директриса смотрит на меня... честное слово, это так — смотрит ледяными глазами.

— Чтобы чего-то добиться в жизни, нужно столько говна разгрести, — говорит она, едва шевеля тонкими губами.

(Помните гору мусора вместо центральной ярмарки? Знаменательное совпадение.)

— Так вы напишите тогда в объявлении, что набираете артель ассенизаторов, — советую я.

— Покиньте мой кабинет, пожалуйста, — попросила меня директриса, при этом что-то нервное делая ногой под столом. Тут же из подсобной комнаты вышел рослый мужчина, столь старательно игравший желваками и челюстями, что походил на сумасшедшего с нервным тиком.

Я засмеялся, глядя на него. Встал, уперся руками в «ее» стол и, не нашедшись, как сострить, сказал директрисе в очки:

— С удовольствием! С удовольствием покину ваш кабинет!

Вышел в приемную, там меня встретила неизменно улыбающаяся секретарша.

— Я там вашего босса обидел, — сказал ей.

— Замечательно! — по привычке ответила она, вся сияя.

Вышел на улицу, подставил лоб легкому снегу, перешел дорогу, направил стопы к магазину, купить пива на последнюю мелочь.

На дверях магазина висела надпись: «Вход рекламным агентам, всевозможным торговым представителям строжайше запрещен. Штраф 50 рублей».

«Надо же, — подумал я, — с собаками можно, можно детям с мороженым, можно в нетрезвом виде, верхом на лошади — и то, наверное, можно. Но не дай бог, чтоб с пакетом в руках и с речью: "Сегодня у нашей фирмы юбилей..."»

В последующие недели меня вновь занесло еще в несколько подобных фирм, предпоследний раз меня выводили с охраной, в последний раз — просто не пустили, когда я назвал свою фамилию в домофон.

Теперь я даже жалею, что не остался работать там, в одной из этих контор. Уверен, что скоро я бы возглавил отдел. Я очень серьезно это говорю. Какой бы любопытный случился со мной опыт, с какой первозданной глупостью пришлось бы мне столкнуться, с какой беспримерной подлостью...

Но я был недостаточно наивен.

Впрочем, я, кажется, догадываюсь, чем сегодня занимаются эти люди, встретившиеся мне тогда директрисы и директора своих многолюдных фирм. Тогда им было 30, сейчас — 40, они еще молоды. Их опыт актуален, речовки снова в моде, они еще научат разгребать всевозможный мусор, глазастое и жадное до бонусов юношество.

МОЛОДЕЖЬ К ВЫХОДУ НА ПЕНСИЮ ГОТОВА

Говорят, что старики заедают молодежь, уродуя ее будущее. Скажем, старики старательно голосуют и почти единолично выбирают постылую, прокисшую власть, по законам которой мы живем до следующих выборов; а потом ответственные пенсионеры снова расставляют свои галочки в бюллетенях, обрекая юношество еще на четыре года унылой тоски.

Так говорят. Но все давно иначе.

У нас юношество стремительно впало в старость, а иные из представителей младого поколения еще хуже, чем в старость, — в старческий маразм.

Всякий студент по определению должен быть «леваком», тем более в современной России. Однако у нас все наоборот. Консерваторы размножаются уже в школах и университетах, они едва разучились вытирать сопли кулаком и носить колготки под шортами — и сразу же стали тотальными реакционерами.

Они не видели ни советского времени, ни бурных времен либеральных реформ, но презирают и то, и другое. Они уверены, что в России были черная дыра, хаос и голожопый позор. К счастью, теперь олигархи побеждены, а коммунистам не удастся вернуть бараки и ГУЛАГи.

«Мы победим». Кого победим, а? Зачем?

Молодежь в России, наверное, самая реакционная часть общества. Юношество еще ничего не получило, но уже боится все потерять. Еще ничего не знает, но уже хочет всех научить. Все время говорит, что выбирает свое будущее и никому не даст изменить свой выбор, — но кто бы знал это будущее в лицо, кто бы рассказал о нем доступно.

В свое время (год назад) писатель Александр Кабаков выдал нашумевшую статью о том, что настроения молодежи и в Европе, и у нас являются самой очевидной опасностью для общества. Левые, националистические, а также беспочвенно агрессивные взгляды юношества создают ситуацию, угрожающую нормальному будущему остальных людей.

«Боюсь», — признался Кабаков, к которому, как ни странно, я отношусь хорошо.

Одно различие: у нас с Кабаковым разная молодежь. С «его» молодежью я знаком; хотел бы, чтоб она стала подавляющим большинством, — но в природе нет и смешного подобия этого большинства. «Его» молодежь – разрозненные единицы; в своем городе я могу пересчитать их по пальцам, в других городах таковых еще меньше: к примеру, в многочисленных провинциях идейно буйной молодежи нет совсем, ей неоткуда произрасти. Там почти все спят, не в силах разлепить глаза.

Кабаков старательно передергивает, в попытках придать молодежному экстремизму массовость объединяя редких «молодых идеологов» и мифических «штурмовиков» с... «уголовниками». Но среди людей зрелого возраста уголовников еще больше: давайте людей среднего возраста купно объявим угрозой обществу и останемся спокойно жить средь детей и стариков.

Российская молодежь, в отличие от помянутой европейской (в первую очередь немецкой и французской), разучилась переживать состояние аффекта. Иррациональные девяностые породили в России крайне рационалистичное молодое поколение. Другой вопрос, что рационализм их пошл и зачастую подл, что он имеет не человеческие, а почти растительные предпосылки; и тем не менее это все-таки рационализм, в самом неприятном, то есть совсем не творческом, изводе.

Любое творчество изначально порождается состоянием аффекта. Или, как написали бы в словаре, душевным волнением, выражающимся в кратковременной, но бурно протекающей психической реакции, во время которой способность контролировать свои действия значительно принижается.

Огромное количество современной молодежи не способно к бурным психическим реакциям, к бесконтрольным празднествам, к запредельной искренности и в конечном счете к массовому творчеству. Разовый футбольный дебош вовсе не отменяет сказанного выше, он скорее случайность — мало того, случайность, специально спровоцированная очень взрослыми людьми накануне принятия первого закона об экстремизме.

Основная часть молодежи уже сейчас готова отправиться на пенсию: то есть либо выключить себя из реальных политических и культурных процессов, либо встроиться в них на изначально определенные, скучные роли.

Мое поколение — последний советский призыв, чьи школьные годы пришлись на пионерию и комсомолию, а университетские — на разлад и распад советской империи. Как показало время, в основной своей массе мои сверстники оказались безвольными: в политике, бизнесе или культуре мы явное меньшинство, так уж получилось. Ко всенародному разделу мы не успели, а быть падлотой толком не научились: в итоге жизнь протекла до середины, а мы все в тех же ландшафтах, что и прежде. Что будет с нами дальше, ни черта не ясно.

Поколение, рожденное за время неуемного реформаторства (ну, скажем, начиная с восемьдесят пятого, а то и раньше — по начало девяностых), являет собой во многих наглядных образцах удивительный гибрид старческого безволия и детской, почти не обидной подлости. Эти странные молодые люди ничего не желают менять. Мысль о том, что изменения возможны, вызывает у них либо активную, искреннюю агрессию, либо вялое, почти старческое презрение. Слишком много и часто говорят они о своей свободе: но даже я, бывший пионер и комсомолец, не помню, чтобы мы с такой радостью и страстью ходили строем.

Несмотря на все свои улыбки и пляски, современное юношество лишено глубинного, оптимистического романтизма начисто: они твердо уверены, что мир не изменить и даже не стоит пытаться. Тот, кто пытается, — дурак, подлец или пасынок олигархов. Если не по нраву столь радикальная формулировка, то можно сформулировать чуть мягче: менять ничего нельзя, потому что иначе может быть хуже.

«Может быть хуже» — это вообще основа, суть и единственный постулат философии современного юношества; они и гомерических глупостей не свершают, и детей не рожают, и ни в п...ду, ни в Красную армию не идут, потому что и там может быть хуже, и сям, и посему давайте «не будем париться».

Ну не будем, да. Еще не надо выходить из себя. Мы пришли сюда быть в себе, блюсти себя в себе, собой в себе любоваться, себя из себя не выпускать.

«Держись!» — часто говорят друг другу современные молодые люди, как будто завтра каждый второй из них уйдет на фронт или может не проснуться, разбитый очередным инсультом. Держаться они пришли, посмотрите на них, держаться и не отпускаться — одной рукой за один поручень, другой — за второй; никто не хочет разжать пальцы, чтоб веселой волной снесло с ног, повозило по полу, перевернуло через голову и жарко ударило о каждый угол.

...Не парятся, не выходят из себя, держатся...

Речь их и многие повадки их — слишком взрослые, мысли — старческие, поступки — стариковские, немудрые, с дрожью жадных пальцев и неприязненным взглядом исподлобья.

Говорят, что современная индустрия выдавила пожилого человека из информационного пространства: отныне все работает на жадное до зрелищ юношество, а старым людям не на чем взгляд успокоить.

Как бы не так.

Информационное пространство заточено именно под два этих класса. Только старые и юные готовы тратить по несколько часов в день на просмотр российского телевидения. И что замечательно: и молодежь, и пожилые люди смотрят одно и то же — всю эту малаховщину, кулинарные программы, риалити-шоу, прочее, прочее, прочее, равно любопытное всем людям, почти обездвиженным душевно, малоразвитым, преждевременно уставшим.

В современной России так сложились обстоятельства, что у нас, быть может, впервые за многие годы нет разрыва поколений, когда интересы юных непонятны и неприятны самым зрелым. Даже в замороженном, ханжеском, постыдном Советском Союзе такого не было.

Много кто заметил, что разговоры на тему «Что за молодежь пошла!» и «Богатыри теперь не те!» звучат все реже? В усталые семидесятые, в переломные восьмидесятые, в дикие девяностые вскриками на эту тему пестрили страницы прессы, их можно было часто слышать в общественном транспорте. А сегодня этого раздражения нет. И стар стал как млад, и млад остарел; и всякий рад произошедшему.

Они едины, они почти неделимы, они соединяются в одно. Смотрите, смотрите: они сливаются в единое тело.

Это противоречит природе. Смотреть противно.

ДОСТАТОЧНО ОДНОГО

Главное качество русского интеллигента — нравственная и безропотная последовательность в своих заблуждениях. Только в таком случае интеллигента можно использовать как градусник: замерять им температуру и состояние общества. И это единственный случай в медицине, когда градусник может лечить.

Интеллигент Лихачев прав, называя первым в ряду русской интеллигенции Радищева.

В Радищеве изначально были заложены все черты грядущего русского интеллигента.

Он был образованный человек, но интеллектуалом не был: известно, что ему наняли учителя-француза, а тот впоследствии оказался беглым солдатом. Потом, конечно, Радищев выучился и праву, и филологии, но беглый солдат в качестве первого учителя — это концептуально.

Он был в известном смысле смелый человек, но напугать его все-таки оказалось несложно. На допросах арестованный за свое неразумное «Путешествие...» Радищев сразу же раскаялся, и думаю, искренне. Правда, давая показания, в забывчивости, он вновь повторял все ту же ересь, что уже написал в «Путешествии...».

Сильный интеллигент, которого согнуть нельзя, зато можно сломать и убить, — уже не интеллигент, а революционер. Посему Рылеева, да и вообще всех декабристов, к интеллигенции не отнесешь.

Радищева вернули из ссылки, пригласили в государственную комиссию по составлению законов, и он, дрожа слабыми руками и покрываясь испариной от ужаса, все-таки написал «Проект либерального уложения», в котором опять заговорил о равенстве всех перед законом, свободе печати и прочих светлых призраках русского интеллигента.

Председатель законотворческой комиссии, получив сей труд, поднял брови, в каждой из которых могла поселиться небольшая птичка, и громко произнес несколько слов, в том числе одно из области географии. Это было слово «Сибирь».

Терзаемый душевной лихорадкой, Радищев вернулся домой, выпил яду и умер в диких мучениях.

С тех пор интеллигенции ничего более не оставалось, как ступать след в след по грустному пути Радищева, бесконечно путешествуя из Петербурга в Москву, в то время как чудище обло, озорно, огромно, стозевно и лая гонится за тобой, обдает тяжелым запахом мундира и сапог, поднимает брови, откуда в ужасе взлетают птицы, и произносит «Сибирь» так, что явственно слышится «заморю».

Интеллигент тонко вскрикивает и смотрит пронзительными глазами.

Впрочем, и закричать огромным голосом, и взглянуть с пепельным, непоправимым презрением русский интеллигент тоже умеет; и даже ударить человека сможет — правда, один раз в жизни. И потом долго смотреть на свою ладонь, видя в ней мнимые отражения своей низости, злобы и бесчеловечности.

Русский интеллигент красив, но странной, нравственной красотой. Он верующий, но не воцерковленный. Он способен выжить на каторге, хотя самая мысль о ней способна остановить его сердце. Он видит культуру как огромную мозаику, в которой каждому узору есть место. Поэтому он способен любить в литературе или в музыке то, чего образованцы не принимают по скудоумию, которое они выдают за снобизм, а интеллектуалы — из снобизма, который в их случае является разновидностью скудоумия.

Русский интеллигент по-настоящему добр, как никто другой. Добрее мужика, солдата и поэта.

После Радищева Россия получила еще одного образцового интеллигента по фамилии Чехов. Первый свое «Путешествие...» издал в 1790 году, Чехов совершил свое ровно сто лет спустя — в 1890-м он зачем-то отправился на Сахалин, где убил свое здоровье, составляя никому вроде бы не нужную перепись сахалинского люда. («...Какая наша грамота? Народ мы темный, одно слово — мужики...»)

Так Чехов задал тон. Чеховские бородки пошли в революцию, чтоб куда более рационально применить свои силы, но вскоре перестали быть интеллигенцией, а некоторые даже сошли с ума.

В течение всего века интеллигентов во власти не было, но ведь их там не наблюдалось и до революции.

Тем не менее чеховский тип поведения в двадцатом столетии был столь же определяющим, как радищевский тип — в девятнадцатом.

Михаил Булгаков был почти что Чехов, Трифонов очень Чехов, Синявский совсем Чехов, Маканин несколько Чехов, и даже Валентин Распутин чуть-чуть Чехов.

Сегодня мы ожидаем нового интеллигента, потому что век уже начался, а его все нет.

Стало забываться само слово «интеллигент» и тем более черты, определяющие его.

Спешим напомнить, что интеллигенция — товар штучный, к тому же он не продается. Если ее все-таки купить, а потом, изнывая от нетерпения, развернуть, то обнаружится, что покупатель был жестоко обманут: брал, хоть и недорого, интеллигенцию, а в итоге черт знает что получилось, эльдар рязанов какой-то.

Выйти из интеллигенции очень легко, вернуться обратно почти невозможно.

В интеллигенцию долгое время норовили попасть с двух сторон: с одной — образованцы, с другой — интеллектуалы.

Первые туда не попадали по недостатку ума, вторые — по недостатку нравственности.

Академик Сахаров очень хотел быть интеллигентом, но созданная им водородная бомба тянула его в ад и раскалывала надвое гениальную, покрытую цыплячьим пушком голову.

Заявку на интеллигентность подавали целые колонны демократического движения. В 91-м году, 19 августа, я зачем-то шел в такой колонне по Арбату и особенно помню шедших рядом: эти белые, в неровную клеточку рубашки-безрукавки, эти несильные руки, покрытые редким черным волосом, и непременные часы с ремешком на левом запястье, эти очочки в плохой оправе, эти черные опрятные усы над нервной губой. Рабочая интеллигенция, образованцы. В интеллигенцию их не приняли, да они и сами быстро остыли.

Самая хорошая интеллигенция та, что не осознает себя таковой. Самый настоящий интеллигент не строит свою героическую судьбу.

Интеллигент добр, я говорю. Интеллигент последователен. Интеллигент смотрит пронзительными глазами, сам того не замечая.

Если те, кто в начале прошлого века могли стать настоящими интеллигентами, уходили в революцию, то сегодня интеллигенция, даже не сформировавшись, уходит в дворню.

Пусть идет себе, нам и не нужно много интеллигенции. Надо всего одного интеллигента на целую стомиллионную державу. Всегда хватало всех по одному.

Один поэт был во все времена. Один полководец. Один интеллектуал. Один художник. Один герой. Один интеллигент.

Но ныне распадается хрупкая наша гармония. Поэта вроде бы видел, интеллектуала, кажется, знаю, полководца, если захотим, найдем, герой, очевидно, есть — а интеллигента нет.

Совсем нет, нигде.

К ЧЕРТУ, К ЧЕРТУ!

Российская читательская публика не желает иметь в наличии великого русского писателя. Знание, что у нас есть великий русский писатель, — это, надо сказать, ответственность; а отвечать сегодня никто ни за что не желает.

«Вот умрет Лев Толстой, и все пойдет к черту!» — говорил Чехов Бунину.

Сейчас такого не скажут.

Был бы жив Толстой, многие тайно думали б: «Скорей бы он умер и все пошло к черту! И Чехов еще, и Бунин! И к черту, к черту!»

Великие множества людей сегодня подсознательно, спинным мозгом желают, чтоб все провалилось в тартарары, — причем желают этого куда более страстно, чем раньше хотели «в Москву, в Москву».

И все делают для достижения цели своей. Для начала, говорю, дискредитировали статус великого русского писателя.

Выяснилось, что великий русский писатель живым не должен быть, он должен быть мертвым. Если он живой, то надо сделать так, чтоб он замолчал и не лез со своим мнением. Если он еще говорит, надо убавить ему громкость.

Я помню, как яростно кричали и рычали на Солженицына за его возвращение в Россию в «пломбированном вагоне». Причем порицали писателя как раз те, кто нынче летает в собственных пломбированных самолетах и санузлы посещает тоже исключительно пломбированные.

Да что там: я и сам иногда подлаивал на большую бороду. И что теперь? Полегчало?

Понятно, что в той России, которая была сто лет назад, действительно жизнь пошла к черту после смерти Толстого, а сегодня, напротив, все разъехалось по швам, как тулупчик на пугачевской спине, еще при жизни классиков, а то и благодаря им.

Но разве это отменяет ценность собственно литературы?

Она была десакрализована к девяносто третьему, кажется, году, когда стало ясно, что литература упрямо не дает ответов на вопросы: как жить, что делать, кто виноват и чем питаться. А если дает, то все это какие-то неправильные ответы, завиральные. Так всем нам, по крайней мере, казалось.

Нынче ситуация немного успокоилась. Действительно великие и ныне живущие (дай им, Господи, здоровья!) писатели твердо разместились на форзацах учебных пособий, их читают и тактично преподают.

Но вместе с тем любое мнение великих писателей фактически выведено за скобки политического дискурса, да и вообще из пространства современной русской мысли.

Кто знает, что думает Валентин Распутин по тому или иному поводу? Кто жаждет его слова? Часто ли интересуются мнением Андрея Битова? Очень ли нам любопытно, что такого скажет Фазиль Искандер? К Василию Белову давно приходили на поклон мужи, ищущие мудрости?

Могут вывести в круг света Эдуарда Лимонова с кольцом в носу, но именно как старого волка в шутовском наряде; и пришептывать при этом: «Акела промахнулся! Акела промахнулся! И вообще это не Акела, а дворняга старая и злая...»

По сути, нет никакого общественного договора о присутствии и наличии великих писателей, без которых нам было бы жить страшно, так как мы ничего не понимаем.

А мы ничего и не хотим понимать! Нам понимать еще страшнее, чем жить в неведении.

Последним, кого спрашивали хоть о чем-то, оказался покойный Виктор Астафьев, но там слишком подл и пакостен был расчет: вытягивать из старого, злого, раздражительного человека бесконечные, несусветные проклятия советской власти — и тем быть сытым и вполне довольным: ничего иного от Астафьева и не требовалось.

Виктор Петрович доиграл эту роль до конца и ушел с брезгливостью и ненавистью в душе, о чем прямо сообщил в предсмертной записке.

А все потому, что писателя как такового стали воспринимать неадекватно и использовать не по назначению. Началось это, судя по всему, с товарища Сталина, который тем не менее формулировал роль литератора предельно точно: как инженера человеческих душ.

Именно душу и врачует литератор, оперируя метафизическими понятиями. Рассудок ему лучше не доверять, он со своим-то не знает что делать.

Бабушка моя, вовсе неграмотная крестьянка, спросила меня однажды о моем покойном отце, ее сыне, умершем очень рано:

— Как же он так сердце свое надорвал? — говорила она удивленно и горько. — Зачем так пил много? Он же столько книг прочел! Разве там не учат, как надо жить? Что пить не надо, разве там не написано?

Наше разочарование в литературе именно таким отношением и порождено — хотелось же, чтоб нас научили долго и сладко жить, а оказалось, что нашептали нам обратное — как быстро и мучительно умереть.

Так нам кажется до сих пор, и даже если перекрестишься, ощущение это не пропадает.

Посему великого писателя видеть нет желания. Он как дурная примета, он как воронье крыло. И голос у него высокий и неприятный.

К тому же — в идеологическом быту это существо крайне неудобное и малоприятное. При ближайшем рассмотрении великий русский писатель обязательно будет выглядеть неказисто, говорить наперекосяк и косноязычно, причем не по существу и о своем.

Сложно представить себе Льва Толстого или Михаила Шолохова в нынешней жизни, в блеске софитов, окруженных стремительными журналистами, жаждущими получить исключительно тот ответ, что уже имеется в формулировке вопроса. Но не менее сложно и Валентина Распутина поместить в те же условия: а ведь Распутин здесь, совсем рядом, неподалеку от нас, день пути — и можно рукой его коснуться.

Но никому не надо его касаться. Не надо нам мучительной и косноязычной неоднозначности. Однозначность нам подавай!

В ходу велеречивые симулякры — если хотите: веллеречивые. Люди, не осененные божественным крылом русского языка, но при этом очень похожие на великих писателей.

Они дают точные формулировки, грамотные советы и пишут вполне себе пошлости хорошим, без божества, без вдохновенья языком.

Однако, сколько ни заглядывай в эту прозрачную воду, никогда не увидишь там отражения своего лица, неожиданно схожего в ночи, как писал великий поэт Юрий Кузнецов, с отражением звезды.

Отличие симулякра от великого русского писателя простое. Симулякр пугает, а нам не страшно. Потому что цена его слову определена и обозначена на подкладке пиджака. Симулякр нам расскажет все о жизни, и мы с интересом ознакомимся, ровно потому, что к настоящей жизни написанное не имеет никакого отношения. Симулякр нарисует закат, а мы полюбуемся — потому что знаем, что красота ненастоящая и закат картонный.

Потому что нам не надо, не надо, не надо настоящего.

Потому что за настоящее нужно отвечать жизнью. К черту это все, к черту!

Жизнь надо прожить так, чтобы никто не сказал, что наши цветные стеклышки, пестрые ленточки и радужные камешки являются чепухой. Не говорите нам этого, а то будет мучительно больно, как при ампутации.

Жизнь надо прожить так, чтобы никто не объяснил всем существом своим, что есть и страсть, и почва, и судьба, и сквозь все это спазматически, в бесконечных поисках пути, рвется кричащая кровь, иногда вырываясь наружу.

К черту, да? Я тоже так думаю.

ВЕЛИКОЛЕПНЫЙ МАРИЕНГОФ

В 1997 году столетие со дня рождения Анатолия Мариенгофа забыли. А недавний 110-летний юбилей тем более не заметили и, конечно же, ничего не переиздали из, как говорится, обширного наследия Мариенгофа.

Следующий юбилейный год, связанный с именем Мариенгофа, невесть когда будет. Поэтому я взял на себя смелость отметить две не совсем округлые, но вполне себе симпатичные даты.

Первая книжка Мариенгофа — «Витрина сердца» — вышла в 1918 году — вот вам 90 лет со дня выхода дебютного сборника его стихов. А в 1928 году увидел свет самый, наверное, известный (и самый лучший) роман Мариенгофа «Циники» — значит, нынче на дворе 80 лет с года его первой публикации. Чем не повод поговорить о хорошем человеке.

К тому же и 111 лет со дня рождения — дата более чем оригинальная. Как раз в стиле Мариенгофа.

Забвение Мариенгофа — это ничем не заполненная пустота в русской литературе.

О Мариенгофе хочется сказать — великолепный. Тогда его имя — Великолепный Мариенгоф — будет звучать как название цветка.

Мариенгоф похож на восклицательный знак, удивителен самим фактом своего присутствия в чугунные времена с изысканной женой, укутанной в меха. Вижу, как лакированные ботинки вечного денди отражают листву, трость брезгливо касается мостовой.

Снисходительная полуулыбка, изящная ирония, ленивый сарказм, даже аллюзия к Пушкину на грани издевательства: «Не дай мне бог сойти с ума» превращается в нытье нищего с протянутой рукой (под лохмотьями которого скрыт юродствующий эстет) — «Выклянчиваю: сохрани мне копеечки здравого смысла, бог!»

Жуткая реальность и воспаленный мозг создают, соприкасаясь, рифму, образ, фразу, парадокс.

Оригинальность — во всем. Мариенгоф даже умер в день своего рождения.

В божественном балагане русской литературы Анатолий Мариенгоф — сам по себе.

Нет никаких сомнений — он друг Есенина. Более того, Мариенгоф — самая важная личность в жизни Есенина. Тем не менее «друг Есенина» — не определение Мариенгофа. Скорее примечание к их биографиям. Вражда поэтов была и, пожалуй, осталась общим местом есенианы определенного, почвеннического толка. Но есть куда больше оснований к тому, чтобы дружба поэтов стала предметом восхищения.

О том, как они жили — как создавали «эпоху Есенина и Мариенгофа» (название неизданного ими сборника), как ссорились и мирились, что вытворяли и как творили, — обо всем этом стоит писать роман. Несмотря на то, что Мариенгоф однажды написал об этом сам. Без вранья.

Имажинизм — место встречи Есенина и Мариенгофа в поэзии — явился для них наиболее удобным способом отображения революции и мира вообще.

Поэты восприняли совершающееся в стране как олицетворение основного принципа имажинизма: подобно тому, как образ в стихах имажиниста скрещивает чистое с нечистым, высокое с низким с целью вызвать у читателя удивление, даже шок — но во постижение Слова и Духа, так и реальность земная замешала чистое с нечистым с целью через удивление и ужас привести — согласно Есенину и Мариенгофу — к стенам Нового Иерусалима.

Семантика несовместимых понятий, тяготеющих друг к другу, согласно закону притяжения тел с отрицательными и положительными полюсами, стала истоком образности поэзии имажинистов. Образ — квинтэссенция поэтической мысли. Соитие чистого и нечистого — основной способ его зарождения. Иллюстрация из молодого Мариенгофа:

Даже грязными, как торговок
Подолы,
Люди, люблю вас.
Что нам, мучительно-нездоровым,
Теперь,
Чистота глаз
Савонароллы,
Изжога
Благочестия
И лести,
Давида псалмы,
Когда от бога
Отрезаны мы,
Как купоны от серии.

Время как никогда благоприятствовало любым попыткам вывернуть мир наизнанку, обрушить здравый смысл и сами понятия нравственности и добра.

И вот уже двадцатитрехлетний золотоголовый юноша Есенин бесстрашно выкрикивает на улицах революционных городов:

Тело, Христово тело
Выплевываю изо рта.

Юноша вызывал недовольство толпы, но одобрение матросов: «Читай, товарищ, читай».

Товарищ не подводил:

Плачь и рыдай, Московия!
Новый пришел Индикоплов.
Все молитвы в твоем часослове я
Проклюю моим клювом слов.
....
Нынче ж бури воловьим голосом
Я кричу, сняв с Христа штаны:
Мойте руки свои и волосы
Из лоханки второй луны.

Другой юноша, Мариенгоф, снятыми штанами не удовлетворился. Фантазия его в 18-м году была куда изощреннее:

Твердь, твердь за вихры зыбим,
Святость хлещем свистящей нагайкой
И хилое тело Христа на дыбе
Вздыбливаем в Чрезвычайке.

Поэты в ту пору еще не были знакомы, но ко времени начала имажинизма без труда опознали друг друга по дурной наглости голосов.

В первые послереволюционные годы Мариенгоф и Есенин буянят, кричат, зазывают:

Затопим боярьей кровью
Погреба с добром и подвалы,
Ушкуйничать поплывем на низовья
Волги и к гребням Урала.

Я и сам из темного люда,
Аль не сажень косая — плечи?
Я зову колокольным гудом
За собой тебя, древнее вече.

(Анатолий Мариенгоф)

Тысячи лет те же звезды славятся,
Тем же медом струится плоть,
Не молиться тебе, а лаяться
Научил ты меня, господь.

За седины твои кудрявые,
За копейки с златых осин
Я кричу тебе: «К черту старое!»
Непокорный, разбойный сын.

(Сергей Есенин)

Ленивым глазом видно, что в устах Есенина «Сарынь на кичку» звучит естественнее. Определяет это не только органичное народное начало Есенина, но и то, что «немца» Мариенгофа любое вече разорвало бы на части. Если б он сумел его созвать, конечно. Звучит забавно, не правда ли: «Люди русские! Вече народное! Тебя Мариенгоф созывает!»

При явном созвучии голосов Есенина и Мариенгофа основным их отличием в первые послереволюционные годы явился взгляд Мариенгофа на революцию как на Вселенскую Мясорубку, великолепную своим кровавым разливом и развратом. И если совсем недавно он писал проникновенное:

Пятнышко, как от раздавленной клюквы.
Тише. Не хлопайте дверью. Человек...
Простенькие четыре буквы:
— умер.

то спустя всего несколько месяцев Мариенгоф словно шепчет в забытьи:

...Кровь, кровь, кровь в миру хлещет,
Как вода в бане
Из перевернутой разом лоханки...

...Кровью плюем зазорно
Богу в юродивый взор...

...А улицы пахнут цветочным мылом
И кровью, липнущей к каблукам...

...Тут и тут кровавые сгустки,
Площади, как платки туберкулезного...

И проч., и проч.

Среди имажинистов Мариенгофа так и прозвали — Мясорубка.

В неуемной жесткости Мариенгоф находит точки соприкосновения с Маяковским, который в те же дни собирался запустить горящего отца в улицы для иллюминаций.

В тон Маяковскому голос Мариенгофа:

Я не оплачу слезою полынной
Пулями зацелованного отца.

«Больной мальчик», — сказал Ленин, почитав стихи Мариенгофа, между прочим, одного из самых издаваемых и популярных в России поэтов тех лет.

Есенин и Маяковский — антагонисты внутри лагеря принявших революцию. Маяковский воспел атакующий класс, Есенин — Новый Спас, который едет на кобыле. Мариенгоф парадоксально сблизил их, совместив черты мировосприятия обоих в собственном творчестве.

Мариенгоф пишет поэтохроники и Марши революций (жму руку, Маяковский!), и он же вещает, что родился Саваоф новый (здравствуйте, Есенин!). И то и другое он делает вне зависимости от своих старших собратьев по перу, зачастую даже опережая их в создании развернутых метафор революции.

Мариенгоф был соразмерен им обоим в поэтической дерзости, в богатстве фантазии. Вольно варьируя исторические события, можно предположить возможность дружбы Мариенгофа и Маяковского.

Можно упрекнуть меня в том, что я совмещаю имена весьма равнозначные, но многие ли знают о том, что «лиру Мариенгофа» гениальный Хлебников ставил вровень с обожаемой им «лирой Уитмена»?

Как мы видим, Мариенгоф и Маяковский шли параллельными дорогами. Иногда оступаясь, Мариенгоф попадал след в след Маяковскому:

Ночь, как слеза, вытекла из огромного глаза
И на крыши сползла по ресницам.
Встала печаль, как Лазарь,
И побежала на улицы рыдать и виниться.
Кидалась на шеи — и все шарахались
И кричали: безумная!
И в барабанные перепонки воплями страха
Били, как в звенящие бубны.

Это стихотворение Мариенгофа образца 17-го года написано под явным влиянием миниатюр раннего Маяковского. Улицы, упоминаемые в четвертой строке, уже проваливались у Маяковского «как нос сифилитика» в 1914-м, клубились «визжа и ржа» в 1916-м, вообще выбежать на улицы — одна из примет истерики Маяковского:

Выбегу,
тело в улицу брошу я.
Дикий,
обезумлюсь,
отчаяньем иссечась.

Преломляясь, как в наркотическом сне, «Ночь, как слеза...» Мариенгофа отражает классическое «Скрипка и немножко нервно»:

Скрипка издергалась, упрашивая,
и вдруг разревелась
так по-детски,
что барабан не выдержал:
«Хорошо, хорошо, хорошо!»
....
А когда геликон —
меднорожий,
потный,
крикнул:
«Дура,
плакса,
вытри» —
я встал...
бросился на деревянную шею...

В обоих стихотворениях сначала рыдают, потом кричат о безумии, кидаются на шеи, стучат в барабаны (вариант — бубны). Схожее ощущение создается и при чтении ранней поэмы Мариенгофа «Магдалина»:

Кричи, Магдалина!
...Молчишь? Молчишь?! Я выскребу слова с языка.
А руки,
Руки белее выжатого из сосцов луны молока.

Ощущение такое, что мелодию эту уже слышал. Вот она:

Мария! Мария! Мария!
Пусти, Мария!
Я не могу на улицах!
Не хочешь?
....
Мария!
Как в зажиревшее ухо втиснуть им тихое слово?
....
Мария, хочешь такого?
...не хочешь?
Не хочешь!

Однако это всего лишь краткий период ученичества, интересными поисками отмеченный более, чем случайным подражательством. Всего за несколько лет Мариенгоф создает собственную поэтическую мастерскую и уже в 20-м пишет пером исключительно своим, голос его оригинален и свеж:

Какой земли, какой страны я чадо?
Какого племени мятежный сын?
Пусть солнце выплеснет
Багряный керосин,
Пусть обмотает радугами плеснь,
Не встанет прошлое над чадом.

Запамятовал плоть, не знаю крови русло,
Где колыбель
И чье носило чрево.
На Русь, лежащую огромной глыбой,
Как листья упадут слова
С чужого дерева.

В тяжелые зрачки, как в кувшины,
Я зачерпнул и каторгу,
И стужу...

Маяковскому в хлесткой борьбе тех лет не помешал бы — под стать ему — многоплановым: от воззвания до высокого лирического звучания — талантом, и жестким юмором, и ростом — великолепный Мариенгоф.

Есенин, на всех углах заявлявший о своей неприязни к Маяковскому, на самом деле очень желал с ним сойтись (пьяный звонил Маяковскому; дурил, встречая в очередях за авансом, толкаясь и бычась, кричал: «Россия — моя! Ты понимаешь — моя!» Маяковский отвечал: «Конечно, ваша. Ешьте ее с маслом».)

Мариенгоф во многом удовлетворил завистливую тягу Есенина к Маяковскому. Сарказм прекрасного горлопана? — у Мариенгофа было его предостаточно; эпатировать нагло и весело? — Мариенгоф это уже умел. Особенности поэтики Мариенгофа тоже, без сомнения, привлекли Есенина и в силу уже упомянутой (порой чрезмерной) близости поэтике Маяковского и в силу беспрестанно возникающих под пером Мариенгофа новых идей. Но, думается, когда жадный до чужих поэтических красот Есенин прочитал у Мариснгофа:

Удаль? — Удаль. — Да еще забубенная,
Да еще соколиная, а не воронья!
Бубенцы, колокольчики, бубенчите ж, червонные!
Эй, вы, дьяволы!.. Кони! Кони! —

когда он это увидел — решил окончательно: на трон русской поэзии взберемся вместе.

Они оба торили дорогу, обоим был нужен мудрый и верный собрат, хочется сказать — сокамерник — «осужденный на каторге чувств вертеть жернова поэм»... А про коней в душу запало. И не только про коней.

В мае 1919-го Мариенгоф пишет поэму «Слепые ноги». Спустя три месяца Есенин — «Кобыльи корабли».

Что зрачков устремленных тазы?!
(Слезной ряби не видеть пристань) —
Если надо учить азы
Самых первых звериных истин. —

это голос Мариенгофа. Вот голос Есенина:

Звери, звери приидите ко мне
В чашки рук моих злобу выплакать!

По Мариенгофу — не надо слез, время познать звериные истины, по Есенину — и звери плачут от злобы. Поэты — перекликаются. Мариенгоф — далее:

Жилистые улиц шеи
Желтые руки обвили закатов,
А безумные, как глаза Ницше,
Говорили, что надо идти назад.

А те, кто безумней вдвое
(Безумней психиатрической лечебницы),
Приветствовали волчий вой
И воздвигали гробницы.

О «сумашедших ближних» пишет и Есенин. В ужасе от происходящего Мариенгоф вопрошает:

Мне над кем же...
Рассыпать горстями душу?

Есенин тоже не знает:

...кого же, кого же петь
В этом бешеном зареве трупов?

(то есть среди гробниц Мариенгофа).

Не только общая тональность стихотворения, но и некоторые столь любимые Есениным «корявые» слова запали ему в душу при чтении Мариенгофа. Например, наверное, впервые в русской поэзии употребленное Мариенгофом слово «пуп»:

Вдавленный пуп крестя,
Нищие ждут лепты, —

возникает в «Кобыльих кораблях»:

Посмотрите: у женщин третий
Вылупляется глаз из пупа.

Многие образы Мариенгофа у Есенина прорастают и разветвляются:

Зеленых облаков стоячие пруды
И в них с луны опавший желтый лист,

превращается в строки:

Скоро белое дерево сронит
Головы моей желтый лист.

«Белое дерево» Есенина — это луна Мариенгофа, роняющая этот самый лист. Ближе к финалу поэмы Мариенгоф говорит:

Я знаю, увять и мне
Все на той же земной гряде.

На той же земной гряде растет желтолиственная яблоня Есенина в финале «Кобыльих кораблей»:

Все мы яблоко радости носим,
И разбойный нам близок свист.
Срежет мудрый садовник-осень
Головы моей желтый лист.

Мариенгоф в поэме «Слепые ноги» свеж, оригинален, но многое надуманно, не органично плоти стиха, образы навалены без порядка, лезут друг на друга, задевают углами — это еще не великолепный Мариенгоф; Есенин в «Кобыльих Кораблях» — прекрасен, но питают его идеи Мариенгофа, разработанная им неправильная рифма, умелое обращение с разностопным стихом, умышленно предпринятое тем же Мариенгофом извлечение глагола из предложения:

В раскрытую рану какую
Неверия трепещущие персты? —

пишет Мариенгоф, опуская глагол «вставить» на конце первой строки.

...Русь моя, кто ты? Кто?
Чей черпак в снегов твоих накипь? —

пишет Есенин, тоже опуская парный существительному «черпак» глагол.

Влияние Мариенгофа столь велико, что первый учитель Есенина — Николай Клюев — не выдержал и съязвил:

Не с Коловратовых полей
В твоем венке гелиотропы, —
Их поливал Мариенгоф
Кофейной гущей с никотином...

«Кофейно-никотинный» оригинал Мариенгоф восхищал бывшего юного друга и ученика Клюева, без сомнений.

Посему жест Мариенгофа, в одном из стихов снявшего перед лошадью шляпу, настолько полюбился Есенину, что он накормил из этой шляпы, переименовав ее в цилиндр, лошадь овсом; посему «кровь — сентябрьская рябина» Мариенгофа проливается у Есенина в «Сорокоусте», «тучелет» из одноименной поэмы превращается в «листолет» в «Пугачеве», и даже в семантике названия поэмы «Исповедь хулигана» чувствуется тень от «Развратничаю с вдохновением» Мариенгофа. В обоих случаях слова высокого стиля (исповедь и вдохновение) контрастируют со словами низкого (хулиган и разврат).

Какое-то время они работали в одних и тех же стилях и жанрах — одновременно пишут критические работы, затем — драмы, «Пугачев» и «Заговор дураков», — обе на историческом материале XVIII века.

Но слава Есенина разрослась во всенародную любовь, а слава Мариенгофа, напротив, пошла на убыль.

Посему править русской поэзией Есенин, конечно же, решил один. Лелеемая в годы дружбы и творческого взаимовлияния книга «Эпоха Есенина и Мариенгофа» так и не вышла. А в 1923 году Есенин напишет: «Я ощущаю себя хозяином русской поэзии». Блок умер, Хлебников умер, Гумилев убит, Маяковский поет о пробках в Моссельпроме, Брюсов уже старый, остальные за пределами России, посему хозяевами быть не могут. Есенину это было нужно — стать хозяином. Закваска еще та, константиновская.

В ссоре Есенина и Мариенгофа — в плане событийном — была виновата Катя Есенина, навравшая брату, что, пока он был за границей, Мариенгоф зажимал деньги с публикаций «Пугачева» и с ней, сестрой, не делился.

Это, конечно, послужило поводом, причиной же ссоры явилась дальнейшая ненужность Мариенгофа Есенину. Творческий союз был исчерпан. Имажинизм как школа превратился в самопародию. Есенин достиг-таки чего желал — стал править. Сам для себя определил: я первый. Но ни стихов Мариенгофа, ни дружбы не забыл.

А дружба была.

Уже летом-осенью 19-го Есенин и Мариенгоф становятся неразлучны. В июне 20-го Есенин пишет своей знакомой Жене Ливишиц о том, что Мариенгоф уехал в Пензу и оттого чувствует он себя одиноко.

Иллюстрация дружбы поэтов — их заграничная переписка.

Письмо Есенина Шнейдеру, тоже собирающемуся за рубежи: «Передайте мой привет и все чувства любви моей Мариенгофу... когда поедете, захватите с собой все книги мои и Мариенгофа...» И больше никому приветов, и ничьих книг не надо.

Вот письма самому Мариенгофу: «Милый мой, самый близкий, родной и хороший... так мне хочется обратно... к прежнему молодому нашему хулиганству и всему нашему задору...»

Это не поэтическое подельничество, это больше, чем творческий союз, это, наверное, любовь.

У них даже любовные имена были друг для друга: «Дура моя-Ягодка!» — обращается Есенин к Мариенгофу с ревнивой и нежной руганью: «Как тебе не стыдно, собаке, — залезть под юбку, — пишет Есенин, когда Мариенгоф женился, — и забыть самого лучшего твоего друга. Дюжину писем я изволил отправить Вашей сволочности и Ваша сволочность ни гугу».

Как забавно требует Есенин писем друга: «Адрес мой для того, чтобы ты не писал: Париж, Ру дэ Помп, 103. Где бы я ни был, твои письма меня не достанут».

Мариенгоф пишет ему ответы, такие же смешные и нежные. И вот вновь Есенин: «Милый Толя. Если б ты знал, как вообще грустно, то не думал бы, что я забыл тебя, и не сомневался <...> в моей любви к тебе. Каждый день, каждый час, и ложась спать, и вставая, я говорю: сейчас Мариенгоф в магазине, сейчас пришел домой... и т. д. и т. д.».

Невозможно усомниться в том, что это письма человеку любимому и нужному.

«Ты сейчас, вероятно, спишь, когда я пишу это письмо тебе <...> вижу милую, остывшую твою железную печку, тебя, покрытого шубой... Боже мой, лучше было есть глазами дым, плакать от него, но только бы не здесь, не здесь».

«Милый рыжий! Напиши, что тебе купить... жду встречи, твой Сергей».

Ни одной женщине не писал Есенин таких писем.

Свою переписку поэты, вызывая раздражение критики, публиковали в печати.

По возвращении из-за границы Есенин собирался расстаться с Айседорой Дункан и... вновь поселиться с Мариенгофом, купив квартиру. Куда он собирался деть жену Мариенгофа, неизвестно: наверное, туда же, куда и всех своих, — с глаз долой. Но...

Еще при расставании поэты предчувствовали будущую размолвку. Есенин напишет нежнейшее «Прощание с Мариенгофом» — ни одному человеку он не скажет в стихах ничего подобного:

Возлюбленный мой! Дай мне руки —
Я по-иному не привык, —

Хочу омыть их в час разлуки
Я желтой пеной головы.
....
Прощай, прощай. В пожарах лунных
Не зреть мне радостного дня,
Но все ж средь трепетных и юных
Ты был всех лучше для меня.

Уже — «был». Явное предчувствие розни сводит на нет все будущие нелепые меркантильные ссоры. Еще точней определил предощущение расставания Мариенгоф:

Какая тяжесть!
Тяжесть!
Тяжесть!
Как будто в головы
Разлука наливает медь
Тебе и мне.
О, эти головы.
О, черная и золотая.
В тот вечер ветреное небо
И над тобой,
И надо мной
Подобно ворону летало.
....
А вдруг —
По возвращеньи
В твоей руке моя захолодает
И оборвется встречный поцелуй!
Так обрывает на гитаре
Хмельной цыган струну.

Здесь все неведомо:
Такой народ,
Такая сторона.

После ссоры обидчивого Есенина понесло, и «подлецом» окрестил «милого Толю», и «негодяем». Но такое бывает с долго жившими единым духом и единым хлебом.

Потом они помирились. Встречи уже не будили братскую нежность, но тревожили память: они заглядывали друг другу в глаза — там был отсвет молодости, оголтелого счастья.

В 25-м, последнем в жизни Есенина году, у него все-таки вырвалось затаенное с 19-го года:

Эй, вы, сани! А кони, кони!
Видно, черт их на землю принес.

(Помните, у Мариенгофа: «Эй, вы, дьяволы!.. Кони! Кони!»)

Как не растрепала их судьба — это был плодоносящий союз: Мариенгоф воспринял глубинную магию Есенина, Есенин — лучшее свое написал именно в имажинистский период, под явным влиянием Мариенгофа: «Исповедь хулигана», «Сорокоуст», «Пугачев», «Москва кабацкая».

Грустное для Мариенгофа отличие творческой судьбы поэтов в том, что Есенин остается великим поэтом вне имажинизма, Мариенгоф же — как поэт — с имажинизмом родился и с ним же умер.

Имажинизм — и мозг, и мышцы, и скелет поэзии Мариенгофа, — лишенная всего этого она превратилась в жалкую лепнину.

Великолепный Мариенгоф — это годы творческих поисков (в его случае уместно сказать — изысков) и жизни с Есениным.

В 20-м году Мариенгоф пишет программное:

На каторгу пусть приведет нас дружба,
Закованная в цепи песни.
О день серебряный,
Наполнив века жбан,
За край переплесни.

А 30 декабря 1925 года заканчивает этот творческий виток стихами памяти друга:

Что мать? Что милая? Что друг?
(Мне совестно ревмя реветь в стихах.)
России плачущие руки
Несут прославленный твой прах.

Между этими датами вмещается расцвет великолепного Мариенгофа. С 26-го года поэта под такой фамилией уже не существует. Есть прекрасный писатель, известный драматург, оригинальный мемуарист, который пишет иногда что-то в рифму — иногда плохо, иногда очень плохо, иногда детские стихи.

В стихах 22-го года Хлебников будто предугадал судьбы двух своих молодых друзей, написав:

Голгофа Мариенгофа,
Воскресение Есенина.

Последнего ждали муки страшной смерти, Мариенгоф же благополучно пережил жуткие тридцатые, однако в истории литературы Есенина ждало возвращение, а Мариенгофа — исчезновение.

Но достаточно прочесть несколько его строк, чтобы понять, что такая судьба незаслуженна:

И числа, и места, и лица перепутал.
А с языка все каплет терпкий вздор.
Мозг дрогнет,

Словно русский хутор,
Затерянный среди лебяжьих крыл.
А ветер крутит,
Крутит,
Крутит,
Вылизывая ледяные плеши,
И с редким гребнем не расчешешь
Сегодня снеговую пыль.

— На Млечный Путь
Сворачивай, ездок,
Других по округу
Дорог нет.

Голос Мариенгофа — ни с кем не сравнимый, мгновенно узнаваемый, мучивший стихи молодежи двадцатых годов невольным мучительным ему подражательством.

В области рифмы Мариенгоф — истинный реформатор. Единичные в русской поэзии — до него — опыты с неправильной рифмой скорее случайны. Мариенгоф довел возможности неправильной рифмы до предела.

Работой с рифмой характеризуются уже ранние опыты Мариенгофа. Для примера — поэма «Руки галстуком».

Обвяжите, скорей обвяжите вкруг шеи
Белые руки галстуком,
А сумерки на воротнички подоконников
Клали подбородки грязные и обрюзгшие,
И на иконе неба
Луна шевелила золотым ухом.

При невнимательном чтении можно подумать, что это белые стихи, но это не так.

Итак, следите за рукой: первая строка, оканчивающаяся словом «шеи», рифмуется с четвертой, где видим: «обрюзг-шие», вторая строка, давшая название поэме, — «руки галстуком» достаточно плоско рифмуется с шестой: «золотым ухом». Здесь все понятно: слово в рифмуемой строке повторяется почти побуквенно, но с переносом ударения.

Созвучие третьей и пятой строк чуть сложнее: слоги «ни» и «до» в слове «подоконников» являют обратное созвучие слову «неба». Подкрепляется это созвучием словосочетания «на иконе» и все тех же «подоконников».

Вторая строфа поэмы:

Глаза влюбленных умеют
На тишине вышивать
Узоры немых бесед,
А безумие
Нелюбимых поднимается тишины выше,
Выше голубых ладоней поднебесья.

Первая строка представляет собой оригинальное созвучие с четвертой, вторая с пятой, третья с шестой.

Тот же способ рифмовки и в следующей строфе:

Прикажет — и лягу проспектом у ног
И руки серебряными панелями
Опущу ниц —
Руно
Молчания собирать хорошо в кельи
Зрачков сетью ресниц.

«Руки галстуком» — не только образец поэтического изящества, поэма пронизана высоким смысловым напряжением.

Первая строфа представляет собой риторическое, словно ни к кому не обращенное предложение «обвязать вкруг шеи белые руки галстуком», то есть обнять, подойдя сзади, такой жест со стороны женщины предполагает и прощание, и нежность.

Затем рисуется удручающий ландшафт, средь которого возникло это мучительное желание чьих-то белых рук.

Строфа вторая рассказывает о том, что влюбленным не обязательны слова, чтобы понять друг друга, их общение, когда «глаза вышивают на тишине узоры немых бесед», — это иная степень понимания. Но безумие меченных неразделенной любовью еще прекраснее, оно в своей мученической красоте поднимается «выше голубых ладоней поднебесья» — выше них только суд Господа.

В третьей строфе появляется образ лирической героини, не только одарившей поэта страданием, но и создавшей — как ему кажется — мир для него, на который в середине пятой строфы герой смотрит заплаканными глазами сквозь оконные стекла:

> Не было вас — и не было сумерек,
> Не горбился вечер
> И не качалась ночь.
> Сквозь окно
> На улицы, разговаривающие шумом рек,
> Выплыл глазами оплывшими, как свечи.

Затем поэт констатирует течение времени: новое утро, минуты, часы, октябрь, новая зима:

> Вечер-швейцар
> В голубой ливрее — подавал Петербургу
> Огненное пальто зари.
> Почему у одних глаза швыряются

Звездной пургой,
А у других не орут даже как автомобильные фонари?

И снова голые локти
Этого, этого и того дома
В октябре зябли,
И снова октябрь полировал льдом
Асфальтов серые ногти,
И снова уплывали часы, как корабли.

Кажущееся безумие героя — отстраненно и ясно. Здесь впервые мелькает мысль о никчемности любимой, в глазах которой нет ни звездной пурги, ни даже искусственного света электричества. Поняв это, пережив осень и зиму, весной поэт оживает:

Не было вас, и все-таки
Стал день, вытекли сумерки,
Сгорбился вечер и закачалась ночь —
Потому что: время перебирало четки,
Дымилось весной,
И солнце мякоть снега грызло золотой киркой.

(Только не подумайте, что последние две строки рифмуются. Дательный падеж «кирки» имеет прямое отношение к «сумеркам», а тот же падеж «весны» рифмуется со словом «ночь».) Итак, поэт оживает, но лишь для того, чтобы вновь, заразившись прекрасным и жутким чувством, выглядеть в глазах белолицей, но равнодушной и не умеющей полюбить — жалким паяцем:

Никнуть кривыми
Губами клоуна
К лицу белее чем сливки.
Спутанной гривой

Волн новой любви разлив
Топит маяками зажженные луны.

Как это тонко — «маяками зажженные луны»!

Расчесывая всезнающую голову, поэт рассматривает расширение собственных зрачков в отражении опасной бритвы:

Открою у ладони синий желоб —
Прольется кипяток,
Вольется лед...

С начала 20-х Мариенгоф работает с неправильной рифмой, как человек, наделенный абсолютным слухом:

Утихни, друг.
Прохладен чай в стакане.
Осыпалась заря, как августовский тополь.
Сегодня гребень в волосах —
Что распоясанные кони,
А завтра седина — что снеговая пыль.

Безлюбье и любовь истлели в очаге.
Лети по ветру, стихотворный пепел!
Я голову крылом балтийской чайки
На острые колени положу тебе.

Что же касается содержания этих математически выверенных строф, то стоит отметить, что вскоре лирическая героиня из стихов великолепного Мариенгофа исчезнет напрочь. «Звездную пургу» он увидел в другом.

Позже, в «Записках сорокалетнего человека», Мариенгоф напишет: «Не пускайте себе в душу животное. Это я о женщине».

Женщина для него понятие негативное.

Все женщины одинаковы. Все они лживы, капризны и порочны. Неверность подругам декларируется Мариенгофом как достоинство. В зрелых стихах его не найти ни чувственной дрожи, ни смутного ожидания, ни нежных признаний.

Страсть к женщине — это скучно, да и о чем вообще может идти речь, если рядом друзья, поэты и верность принадлежит им, а страсть — Поэзии.

Мариенгоф, как никто из его собратьев по перу, тяготеет к традициям романтизма. В описании шальных дружеских пирушек и в воспевании заветов мужской дружбы Мариенгоф — прямой потомок Языкова.

Удел дев — именно так в традициях романтизма Мариенгоф называет своих подруг — сопровождать дружеские собрания, внимать, по возможности не разговаривать.

Мариенгоф ницшеанствует:

Люди, слушайте клятву, что речет язык:
Отныне и вовеки не склоню
Над женщиной мудрого лба
Ибо:
Это самая скучная из прочитанных мною книг.

Зато с какой любовью Мариенгоф рисует портреты имажинистов, сколько блеска и точности в этих строках:

Чуть опаляя кровь и мозг,
Жонглирует словами Шершеневич,
И чудится, что меркнут канделябровые свечи,
Когда взвивается ракетой парадокс.

Не глаз мерцание, а старой русской гривны:
В них Грозного Ивана грусть

И схимнической плоти буйство
(Не тридцать им, а триста лет), —
Стихи глаголет
Ивнев,
Как псалмы,
Псалмы поет, как богохульства.

Девы в вышеприведенном стихотворении упоминаются как часть интерьера, некая досадная необходимость поэтического застолья, и нет у них ни примет, ни отличий. Иногда поэт снисходит до разговора с ними (хотя это скорее монолог), время от времени разделяет с ними ложе. Однако преданный собачьей верностью лишь поэзии и мужской дружбе поэт считает правилом хорошего тона цинично заявить:

Вчера — как свеча белая и нагая,
И я наг,
А сегодня не помню твоего имени.

Имена же друзей-поэтов вводятся в стих полноправно, имена их опоэтизированы.

Сегодня вместе
Тесто стиха месить
Анатолию и Сергею.

И в трудные времена, и в дни радости — только другу на колени «голову крылом балтийской чайки» может положить поэт. Ждать его утешения, верить лишь ему.

Не любимая есть, а друг.
Льдины его ладоней белое пламя сжимают лба,
Когда ставит на перекрестках золотые столбы
Новое утро.

И если однажды Мариенгоф срывается и на миг отказывается от своих слов о неприятии женщины, то тут же говорит: «Друзья, друзья, простите мне измену эту». А еще через несколько минут после любовного признания оговаривается, что эта внезапная страсть всего лишь приключение, забавный случай...

И уже в следующем стихотворении с прежней уверенностью звучит клятва:

Зеленый лоб рабочего стола,
Я в верности тебе клянусь,
Клянусь:
Лишь в хриплый голос
Острого пера влюбляться
И тусклые глаза чернильниц
Целовать.

Мариенгоф даже рад своей бесчувственности к женщине:

И хорошо, что кровь
Не бьет, как в колокол,
В мой лоб
Железным языком страстей.
Тяжелой тишиной накрой,
Вбей в тело лунный кол,
Чтобы оно могло
Спокойно чистоту растить.

Однако верность Музе и отрешенность от мира не есть аскетизм. Несмотря на, мягко говоря, прохладное к ним отношение, женщины Мариенгофа любят. Он высок и красив, он блистательно саркастичен, и даже развратничает он с вдохновением. С изысканной легкостью и, скорее всего, первым в классической русской поэзии Мариенгоф описывает, что называется, запретные ласки:

Преломил стан девий,
И вылилась
Зажатая в бедрах чаша.
Рот мой розовый, как вымя,
Осушил последнюю влагу.
Глупая, не задушила петлей ног!..

Дев возбуждают цинизм Мариенгофа и, пред ним, собственная обнаженная беззащитность:

Мне нравится стихами чванствовать
И в чрево девушки смотреть
Как в чашу.

Но суть действа, что бы оно собой ни представляло, всегда одна — все это во имя Поэзии, слово изреченное выносится на суд друзей — конечно же, поэтов. Категории моральности и антиморальности, по словам самого Мариенгофа, существуют только в жизни: «Искусство не знает ни того, ни другого».

Искусство и жизнь не разделяются поэтом, они взаимопрорастают друг в друга. Верней даже так: чернозем жизни целиком засажен садом творчества. Еще Вольтер говорил, что счастье человека в выращивании своего сада. Мариенгоф радуется друзьям, нисколько не завидуя их успехам, — радуется цветению, разросшемуся по соседству с его садом.

И самое печальное, что происходит с душой лирического героя стихов Мариенгофа, — это вкрадчивый холод разочарования в дружбе Поэта и Поэта, отсюда — душевная стылость, усталость, пустота, увядание...

В одной из своих статей Сергей Есенин вспоминает сюжет рассказа Анатолия Франса: фокусник, не знающий молитв, выделывает перед иконой акробатические трюки. В конце концов Пресвятая Дева снизосходит к фокуснику и целует его.

Имажинисты — и в первую очередь знаковая для этого течения фигура — Мариенгоф, — согласно Есенину, никому не молятся. Они фокусничают ради собственного удовольствия, ради самого фокуса.

Это хлесткое, но, по сути, неверное замечание послужило в смысле литературной памяти надгробной эпитафией всем незаслуженно забытым поэтам братства имажинизма. «Милому Толе» в том числе.

Но, думается, наличие иконы при производстве фокуса было не обязательно. Гораздо важней то, что поэт иногда превращается из фокусника в волшебника. В качестве свидетелей по этому делу можно пригласить строфы Мариенгофа. Его срывающийся голос еретика и эстета...

...И святой дух отыщет дом безбожника.

КОЧУЮЩИЙ ПАРОХОД «АЛЕКСАНДР ПРОХАНОВ»

В последние годы сложился дикий стереотип, что натуральный русский писатель — это некое полуинфернальное, в бороде и сапогах существо, окающее, гыкающее и смачно отплевывающееся при произнесении некоторых слов и отдельных фамилий.

Проханов, при всех тех собаках, что на него навешали и доброжелатели, и недруги (черносотенец, ксенофоб, милитарист и прочая, и прочая), являет собой тот образ русского литератора, который и стоит считать идеальным. Или, верней, совершенно нормальным.

Он умеет быть европейцем, этот нормальный русский писатель. Он объясняется как минимум на двух языках, а при желании и на трех. Тулуп на нем смотрится столь же хорошо, как военная форма. А военная форма столь же красиво, как фрак.

Вы, конечно же, помните известные фотографии Проханова — то с автоматом в прерии, то под крылом самолета, то на светском рауте, то в лесу у писателя Личутина в октябре 93-го, то с оголенным торсом у бурной реки, то у домны пылающей.

И везде — глаза его горят любопытствующе, и вид при этом у Проханова совершенно органичный растворившей его среде.

А потому что он — нормальный русский писатель! До всего ему дело, везде ему место, всюду ему по сердцу.

Проханов и в прозе своей сменил столько одежд, что ими впору было бы нарядить добрую дюжину литераторов.

Он начинал как традиционалист, деревенщик, почвенник. Тому порукой — первая, волшебная книжка Проханова «Иду в путь мой». Таким его принял и полюбил Юрий Трифонов.

Но тогда уже самые прозорливые почвенники, вроде Василия Макаровича Шукшина, почувствовали в Проханове другие энергии. Однажды Шукшин ополчился на Александра Андреевича, они сдержанно поругались. У них были слишком разные представления о народе, о добре и зле.

Василий Макарович и с добротой, и с печалью смотрел на новое социальное юродство, гладил по печальным головам своих чудиков. В прохановском же мире изначально не было места этому юродству — он жаждал, да что там — алкал новой героики, тектонических сдвигов, вечных городов. А у Шукшина какой-то дурак пытается заточенной спицей микроба проткнуть... Как тут не поссориться.

Юрий Трифонов, конечно же, не принял новой, производственной прозы Проханова. Хотя она явно возросла на той же почве, где распустились первые прохановские рассказы. Достаточно сказать, что от названия первого его сборника «Иду в путь мой» прямая дорога к названию первого романа — «Кочующая роза». Именно что вышел в путь с венком из летних цветов на голове и — началась кочевая жизнь, долгое путешествие вослед за мерцающей розой. Иного пути и не было, дорога стелилась под ноги сама, а роза звала.

Кочующую розу из одноименного романа возят по всей стране то ли в стакане, то ли в бутылке рядовые строители красной империи, муж и жена. Роза из первого прохановского романа становится красивой, но несколько печальной метафорой поспешного, даже суетного цветенья державы, так и не пустившей крепкие корни и потому разметанной впоследствии первым же дурным и мерзостным ураганом.

Проханов, безусловно предчувствовавший хаос, готовый обрушиться на страну, пытался вбить политические, идеологические, эстетические скрепы своими романами о великих стройках и мучающихся людях, чьих человеческих сил не всегда доставало для решения задач нечеловеческих. «Время полдень», «Место действия», «Вечный город» — даже сами названия этих ладно сделанных, крепко сбитых, плотных и сильных романов звучат как забиваемые сваи.

Логика кочевий вела Проханова все дальше и дальше, постепенно уводя, казалось бы, в иную сторону от мирного строительства — в места разрушения, крови и мрака.

В Афганистане, где Проханов был восемнадцать раз, началась его всемирная Одиссея. Здесь он сменил пропахшие железом и сваркой одеяния апологета великих строек на камуфляж и берцы.

Началось все с «Дерева в центре Кабула» (во втором издании роман именуется «Сон о Кабуле»; в последнем, уже, наверное, 122-м — «Восточный бастион»). Следом были «Рисунки баталиста» — «подмалевок, — как говорил мне сам Проханов, — к настоящей афганской прозе».

«Третий тост» — сборник рассказов об афганской войне и роман «Дворец» о захвате дворца Амина — безусловные шедевры Проханова, занимающие самое почетное место в любой антологии военной прозы.

Тем временем красная империя уже подходила к своему черному айсбергу, чтобы безжалостно распороть тулово свое, но Проханов еще успел увидеть ее и агрессивную, и одновременно жертвенную мощь в Кампучии, в Никарагуа, в Алжире...

Тогда появились «Африканист», «В островых охотник...»

Видите, слышите в этих названиях, как ушедший в путь свой отрок, не раз настигавший на евразийских просторах кочующую розу, превратился в охотника, бродящего уже не меж островов, а меж материков! Это цельный, безупречно цельный путь.

Проханов лучше других понимал, что наступает время истончения всех истин, и в ужасе ждал прихода к власти новой генерации людей, у которых в душе запекся гной и во рту черви кипят. Написанная в 1983 году повесть «Адмирал» наполнена такой безысходной тоскою, которую только сегодня и можно понять во всем ее ужасе!

В следущем, послечернобыльском романе «Шестьсот лет после битвы» Проханов берет на себя задачу почти невыполнимую. Он, как атлант, пытается удержать страну, не дать ей покончить жизнь самоубийством, доказывая, что еще возможно вдохнуть жизнь в старые меха, не бросить красную империю на растерзание, не порушить ее атомных храмов и поднебесных заводов...

Какое мужество нужно было иметь, чтоб после Чернобыля исповедовать все это! И ведь он был прав, прав.

Но один Проханов уже не мог удержать ничего. Во все стороны с бешеной скоростью пошли трещины, куда осыпались целые народы, научные школы, культуры, армии, границы...

Проханов не был бы самим собой, когда б не откликнулся на исход красной идеи своими почти уже поэмами в прозе — «Последний солдат Империи» и «Красно-коричневый».

Он пережил этот собственный ад — медленное, садистское, почти сладострастное заклание той идеи, которой он истово служил всю жизнь.

Вместе со всей страной Проханов продолжил свой путь, свой поход, свое путешествие — недаром его роман о чеченской войне называется «Идущие в ночи». Он шел вместе со страдающим народом по горящему Кавказу.

Бывали времена, когда прохановские проклятия проклятым временам звучали под хохот шутов и бесконечный звон бокалов. На лбу у Проханова была нарисована жирная, отекшая хвостами свастика.

Но он выстоял, и в новом тысячелетии ему воздалось: оглушительной прижизненной славой, учениками, бесконечным блеском софитов. В то время как кривлявшиеся шуты так и остались шутами.

Но едва ли признание литературное успокоило его.

Подобно естествоиспытателю, с каждым годом Проханов все глубже и страшнее погружается в политику и войну — и через это в человеческую душу.

Со временем он перестал работать скальпелем и вышивать тонкие узоры — после разорвавшегося с визгом и лязгом «Господина Гексогена» Проханов запускает жадные руки по локоть в самое человеческое существо, извлекает связки кишок, надкусывает черепа и зачерпывает пышный мозг, рвет на части грудину в поисках сердца.

Читайте «Политолог», дабы убедиться в том, что сердца он не нашел нигде.

В ужасе от того, что дух покидает русскую историю, Проханов выдумывает себе новые, почти безумные одеяния, в которых его не узнают былые почитатели: его наркотические, босхианские, издевательские, за пределами здравого смысла романы открывают нам нового писателя, который тем не менее продолжает прежнее свое путешествие во все большем и большем мраке.

Недаром последний в босхианской серии роман Проханова называется «Теплоход “Иосиф Бродский”».

Теплоход везет по русской реке упырей и подонков, забравшихся с ногами на шею русской нации. И среди этой нечестивой компании ходит печальный и мудрый Проханов.

Его дорога, начавшаяся в отрочестве с ромашкового венка на голове, перепоясавшая землю в самых разных направлениях, длится и длится.

Проханов хотел бы добраться до Пятой Империи, Индии своего духа, земли Преображенной русской нации — но теплоход «Иосиф Бродский» туда точно не плывет.

Никто не знает, посчастливится ли нам попасть в эту самую Пятую Империю, увидим ли мы ее белокаменные стены, яростные знамена и гордые полки...

Но зато лично мне выпало счастье услышать сердце этой Империи, которое пронес сквозь черные времена красивый человек Александр Андреевич Проханов.

В конце концов он сам за время своего путешествия превратился в пароход. На носу парохода — царь-пушка, на борту — несколько русалок, небольшая группа спецназа, несколько великих философов, два или три разведчика, эстетствующие либералы, упрямые монархисты, народоволец с бомбой, казачья часть.

На пароходе позволено размахивать любыми знаменами, в том числе белогвардейскими, махновскими, имперскими, торговыми, — но главный флаг все равно красный, советский.

Приглядевшись, можно рассмотреть на борту добрую дюжину звездочек за сбитые вражеские бомбардировщики, протараненные дредноуты, взятые на абордаж эсминцы.

Зияет пробоина, полученная у Белого дома в 93-м, есть пулевая очередь в память о боевых действиях на Рио-Коко, капитанская рубка разнесена «мухой», долетевшей то ли с афганской горы, то ли с третьего этажа порушенной высотки на площади Минутка в Грозном.

На пароходе звучит советский гимн, затем чеченский блюз, затем «Красная Армия всех сильней», и потом еще те русские народные песни, которые поет сам Проханов, и ему тихонько подпевает друг Личутин.

Пароход может продолжать курс в любую непогоду, проходить сквозь ураганы, пересекать реки, полные кислоты, и даже высохшие моря.

Я же говорю, всякий сильный русский писатель, то есть, прошу прощения, пароход, чувствует себя нормально в любой среде.

Я очень надеюсь, что он достигнет Пятой Империи. Там будет много солнца, там станет окончательно ясно, что Бог есть, а Россия — вечная.

...Пятая Империя наступит Завтра. И снова будет День...

Время повернулось вспять. Время идет к нам навстречу.

ОТЕЦ ЭДУАРД И ДЕДА САША НА ФОНЕ КОСМОСА

Время не самый лучший судия, в первую очередь потому, что литературную иерархию каждой эпохи выстраивают все-таки не боги, а люди — и зачастую люди неумные.

Что такое Лев Толстой, Чехов и Горький, было понятно еще при их жизни, а дальше, надо признать, все пошло несколько наперекосяк.

Последним великим русским писателем классической традиции был, безусловно, Леонид Максимович Леонов. Собственно, потому и Астафьев, и Бондарев, и Распутин называли его не иначе как «учителем», потому что знали, с кем имеют дело. С русской литературой во плоти.

Леонов говорил: «Державин жал руку Пушкину, Пушкин — Гоголю, Гоголь — Тургеневу, Тургенев — Толстому, Толстой — Горькому, Горький — мне».

Так получилась почти идеальная схема перенесения священного тепла из ладони в ладонь. Вовсе не сложно поместить внутрь этой схемы еще несколько имен, и русская классическая литература обретет завершенный вид, скорее всего уже не подлежащий дополнению. Метафорически выражаясь, Леонов никому не передал своего теплопожатия.

Безусловно, и Бродский, и Распутин не в счет, они ко времени ухода Леонова (он умер в 94-м) уже сложились в литературные величины и, по сути, подвели свои итоги. И там, где пролег их путь, уже не растут новые цветы — просто потому, что они взяли у этой почвы все что могли. Почва плодоносила два столетия и больше не в силах.

Теперь наша классика — это замкнутый сосуд, величественная пирамида, животворящий космос: любоваться им можно, питаться его светом нужно, проникнуть внутрь — невозможно. Там высится величественный век девятнадцатый и стоит угрюмо равновеликий ему двадцатый — о чем, кстати, разговор отдельный, долгий и злой.

Но наступившего века двадцать первого в том космосе не будет.

И ничего страшного здесь нет. Никому ныне не приходит в голову писать последующих итальянских литераторов через запятую после Данте, Петрарки и Боккаччо — просто потому, что началась другая история. Или, скажем, то, что являет собой современная французская поэзия, и то, какой она была сто лет назад, — вещи не просто несопоставимые, а объективно разные, иного вещества.

По совести говоря, современного великого русского писателя надо называть как-то иначе, чтобы не путать несхожие по внутреннему наполнению понятия. Великие русские писатели сделали свое дело, они уже не с нами.

В этом теплом феврале случилось два юбилея людей пишущих, которые своей чудодейственной энергетикой в течение двух минувших десятилетий создавали разнообразные идеологические, политические и эстетические смыслы, порождали целые течения, поклонников и последователей. Это Лимонов и это Проханов. Первому накатило шестьдесят пять, второму — семьдесят.

В том, что они — каждый по-своему — гениальные люди, нет никаких сомнений. Именно отец Эдуард и деда Саша написали самые важные, самые жуткие, самые страстные тексты последних времен.

Однако из русской литературной традиции они выпадают всерьез и напрочь по очень многим очевидным показателям.

«Знаете, я не литературный человек!» — сказал мне как-то Александр Андреевич Проханов, и он, было видно, не кокетничал.

Лимонов на ту же тему говорил еще чаще. И про «плевать я хотел на своих читателей», и про «плевать я хотел на других писателей», и про то, что ничего особенного в литературном труде нет — это просто умение записать свои мысли, не более.

Вообще Лимонов и Проханов в разных, конечно же, стилистиках, но оба склонны к некоему эпатажу (ну, просто потому, что они мужественные люди, в отличие от большинства своих коллег) — однако в случае с их восприятием литературы никакого эпатажа не было. Они искренне, на чистом глазу десакрализировали литературу!

Предполагается, литература призвана дать имена сущим вещам: но так сложилось, что в русском языке имена всему уже дала классическая литература. Лимонов, который в первых своих вещах, «Эдичке» и «Неудачнике», доназвал то, о чем сказать вслух еще не решались, уже к середине восьмидесятых в литературе разочаровался: для него там больше не было свободных, неосвоенных пространств.

Чуть позже, в девяностые, запустив в русскую литературу столько громокипящей политики, сколько Лимонов запустил смертельной человеческой страсти, и Проханов заполнил досель пустовавшие лакуны собственного изготовления варевом.

С тех пор у них оставался выбор либо воспроизводить самоих себя (и по этому пути пошел Проханов), либо вообще забросить литературные забавы и перейти к лобовому, документальному столкновению с реальностью, которую можно зафиксировать, но додумывать незачем (так сделал Лимонов, и его понять можно: вряд ли кто-то из нас может представить себе Владимира Ленина, который забросил писать статьи, чтобы создать роман из жизни большевиков).

Жизнь они ведут типично русскую, расхристанную во Христе, но в литературном быте Лимонова и Проханова есть что-то от поведения современных европейских писателей: они относятся к своей — почти поневоле! — профессии и с некоторым снисхождением, и с жалостью, и тянут ее за собой, как воз постылый, но уже неизбежный.

В них очень мало того пафоса, что носили и носят себе Писатели с прописной буквы, творцы, демиурги. Другого, человеческого, героического пафоса у отца Эдуарда и деды Саши полно, не спорю, но вот писательство воспринимается чуть ли не меркантильно: так сложилось, что эта бумажная галиматья приносит деньги, деваться некуда — придется писать.

И в силу этой, и в силу иных причин Лимонов и Проханов, как писатели нового толка, позволяют себе писать плохо. То есть пред ними изначально не стоит цели, что была главной в классическом русском литературном космосе: написать настолько хорошо, чтобы в восхищении назвать себя сукиным сыном, а потом со своими испещренными поправками листками отправиться к Богу на суд. Как бы не так.

Я видел лимоновские рукописи — он там вообще ничего не правит. Писатель Денис Гуцко в своем первом романе сравнил подъезд с черновиком Лимонова — и это было совершенно дурацкое сравнение. Нет у отца Эдуарда никаких черновиков; и уж вдвойне глупо представить, что он там, на полях, вычеркивает слово «пизда» и исправляет его на какое-нибудь другое.

Проханов же, как я догадываюсь, вообще не перечитывает написанное, и хорошо еще, если это делают его редакторы.

Десакрализация писательской профессии, скажет кто-то, — вещь не новая, десакрализировать ее пытался еще Лев Николаевич Толстой. Но вы вспомните, сколько раз яснополянский граф переписывал каждый свой роман, или почитайте историю о том, как он издевался над журналом, публиковавшим рассказ «Хозяин и работник», правя гранки своего текста до полного остервенения.

Нет, нет, это совершенно другая история.

Толстой десакрализировал свой труд в муках неверия, что может сказать слово, в абсолютной степени правильное и честное. А эти просто не верят в священную миссию пишущего человека; нет такой миссии, дурь все это — есть куда более важные вещи. Например, судьба, страсть, Россия, смерть. Чтобы налететь на эти яростные скалы всем голым телом, неизбежно придется встать из-за письменного стола. И если записывать что-то — то впопыхах, любой рукой, следя за написанным вполглаза.

Лимонов, конечно же, в отличие от Проханова долгое время обладал абсолютным литературным слухом, которого не было вообще ни у кого из его современников. Но и Проханов, надо сказать, умеет в литературе все что положено — даром что он до сих пор всерьез не прочитан высоколобой публикой. Он умеет нарисовать галерею самых разных лиц и характеров («Шестьсот лет после битвы»), и устроить настоящий, безупречно выстроенный апокалипсис в рамках одного текста («Дворец»), и создать величественный роман, на тысячу страниц, без единого сбоя дыхания, ритма, стиля («Надпись») — надо сказать, что подобного уровня работы после, скажем, книги «Иосиф и его братья» Томаса Манна я и не помню.

Тем не менее и отец Эдуард, вконец распустившись, пишет дурновкусную, морализаторскую, расхлябанную книжку «Лимонов против Путина», которую не спасают ни честность задачи, ни мужество исполнения. И деда Саша спустил со ржавых стапелей безобразного уродца «Теплоход “Иосиф Бродский”», которого впору утопить прямо в гавани со всей командой.

Все потому, что задачи человеческие (можно сказать — политические, что для отца Эдуарда и деды Саши одно и то же) они ставят несравненно выше литературных.

В силу логики судьбы своей и своей в самом широком смысле физиологии названные мной отменили литературную присягу над светлой строчкой Пушкина и напрочь забыли слова клятвы верности святой своему писательскому ремеслу.

Это ни в коей мере не отрицает Пушкина — как нельзя отрицать язык, на котором мы разговариваем, и русскую цивилизацию, где мы проросли и дышим теперь всеми счастливыми легкими.

Однако есть ощущение, что литература нового времени будет все более оперировать теми представлениями, какими во многом еще стихийно пользовались февральские юбиляры, отец Эдуард и деда Саша.

Отныне тот, кто мыслит себя Писателем с большой буквы и никем иным, истово веря в свое, вне любых времен, призвание и признание, — сразу отправляется на помойку питаться объедками; нет ему другого места, нет для него иной роли.

Отныне литература — нормальная профессия и даже для самого литератора лишь один из многих инструментов, который позволяет вскрыть грудину реальности и извлечь оттуда пульсирующий смысл.

Сочинять надо бы хорошо, но если наверняка знаешь, как хорошо, — можно и дурно, потому что лучше Шолохова и Набокова не напишешь все равно и пытаться бессмысленно, у нас вообще другие дела, другой отсчет, иные правила.

Посему меняются и речь, и словарь литературы — классическим словарем ныне пользуются только графоманы. После Леонова, говорю, писать так не стоит и не нужно, потому что вычерпано до дна. Можно только неприятно скрябать пустым черпаком в поисках влаги.

Но есть, пожалуй, единственное, что всегда будет объединять и тех титанов духа, что светят нам издалека, и тех титанов страсти, счастье жить с которыми рядом выпало нам.

Это абсолютная, тотальная и неизбежная готовность ответить за каждое произнесенное слово. Жизнью и смертью.

ЕГО НАСТИГ ЛАВОЧНИК

Этой осенью поминали Юлиана Семенова — он умер пятнадцать лет назад, в 93-м.

Лет десять о нем почти не помнили — а тут вдруг всплеснули руками и понемногу стали переиздавать. Чекисты снова в моде. В относительной, конечно, моде; в весьма сомнительной...

То ли о Киплинге, то ли о Конан Дойле говорили, что, написав десятки книг, они создали еще один увлекательный роман — собственную жизнь.

Жизнь Юлиана Семенова — жуткий роман, там есть истинная трагедия, даже несколько трагедий, война, много войн, женщины, много женщин, цветы, автоматы, охоты, шампанское, и счастливые солнечные утра, и страшные похмельные утра...

Книга дочки Семенова, вышедшая в серии ЖЗЛ, не передала, к несчастью, всего этого великолепия. Что знают о нас наши дети!

Человек энциклопедических знаний, он владел несколькими европейскими языками, пушту и дари. Метался по свету, с удивлением, наверное, обнаруживал себя то на Северном полюсе, то в пещере вождя лаосских партизан Суфановонга, то в Антарктиде, то в Сантьяго де Чили, то в воюющем Афганистане, то в воюющем Вьетнаме. Свободно встречался с Юрием Андроповым, был его любимцем, работал в закрытых архивах КГБ, создал Международный комитет по поиску украденной фашистами Янтарной комнаты, куда входили Жорж Сименон и Джеймс Олдридж, добился возвращения праха Шаляпина в Россию, общался с Рокфеллером, Отто Скорценни, Эдвардом Кеннеди, ездил на охоту с Мэри Хемингуэй. Что вы хотите — он был советским писателем... Сейчас такого типажа в литературе нет, перевелся. И еще он был оригинальным типом — с серьгой в ухе, лобастый, бородатый, в шикарных мятых пиджаках, отважный, злой мужик, любимец и любитель дам, хотя ходили явно дурного пошиба слухи о его гомосексуализме. Сами вы педерасты.

При упоминании о Семенове Киплинг вспоминается не случайно — недаром самого Семенова называли «советским Киплингом».

Забавно, что «советским Киплингом» в семидесятые и восьмидесятые называли и Александра Проханова. У Семенова и Проханова биографии внешне схожи — оба в одно и то же время объездили полмира, написали десятки книг, причем, поверхностно определяя жанр этих книг, можно назвать большинство романов Семенова и многие романы Проханова «политическими детективами». Им обоим завидовали не столь удачливые собратья по перу. О том и о другом ходили слухи, что они — агенты КГБ. С Семеновым даже не здоровались Анатолий Рыбаков и Григорий Бакланов — подозревали и презирали. Они же, но позже, не здоровались с Прохановым.

Не знаю, как сейчас на сравнение с Киплингом реагирует сам Проханов, но можно сказать, что, явно проигрывая Семенову в советское время в популярности, в «нулевых» он его обыграл.

Долгое время буржуазной России Семенов со своими чекистами был вовсе не нужен. Читали его книги редкие маргиналы и ностальгирующие пенсионеры. Ленивый и пугливый буржуазный читатель, по сути своей — тупой сноб, не в состоянии полноценно восхититься книгами Семенова, они поперечны ему.

А Проханов в какой-то момент выиграл потому, что принял на себя вирус нынешней действительности и, выжив в этом чумном бараке, заставил себя читать. Причем читают Проханова в основном люди глубоко чуждые ему и его эстетикам. Так хотят смотреть на трехгорбого, одноглазого, поросшего черным волосом мужика, привезенного в клетке на ярмарку.

На сегодня дела обстоят именно таким образом. Но все может поменяться в самое ближайшее время; и Семенову эта перемена сослужит дурную службу. Мы еще поговорим об этом ниже.

Семенов один из немногих авторов, что называется, остросюжетных книг, ставший при этом настоящим писателем — у него есть классические вещи; я всерьез. Недаром критик Лев Анненский с его безупречным слухом так ценил Семенова.

К сожалению, соблазнов «новых времен» Семенов не избежал и в последние годы жизни начал старательно и торопливо развенчивать все то, чему служил всю жизнь. Перечитывая его наспех сделанную, дешевую и неумную «антисоветчину», понимаешь, насколько страстно Семенову мечталось на исходе восьмидесятых все свои старые книги переписать наново, а от иных и вообще отказаться. К счастью, это было невозможно.

Пока Семенов находился в здравом уме, он создал и пустил в жизнь образ, ставший неотъемлемой частью нашей национальной культуры, и от него теперь не избавиться. Такое счастье — создать или, по лимоновскому выражению, «навязать» миру своего героя — дано единицам из многих и многих. По миру их бродит всего несколько десятков — тучный Гамлет, веселый Теркин, горячечный Раскольников, растеряха Паганель, девочка Лолита, Чичиков (и все, кого он посещал, — Ноздрев, Манилов, Собакевич, Плюшкин, Коробочка), Наташа Ростова и Пьер Безухов, Шерлок Холмс и доктор Ватсон, трое в лодке (не считая собаки), Генри Чинаски, Дон Кихот и Санчо Панса, солдат Швейк, ну и еще несколько человек. Средь них — Штирлиц.

В русской литературе — мы имеем в виду хорошую литературу — сильных людей мало. В основном она населена рефлексирующими интеллигентами, барьём и корявыми мужиками. А сильные люди... Ну кто? Тарас Бульба. Печорин. Базаров. Павка Корчагин. Курилов у Леонида Леонова. Несколько офицеров у Бондарева. Эдичка (я, естественно, говорю о герое первого романа Лимонова) тоже тот еще сверхчеловек.

Штирлиц — квинтэссенция советского героизма, великая советская мечта. И в то же время — такой славный, юморной, нежный, надежный мужик. С редким и натуральным удовольствием прочитав все книги Семенова о Штирлице, я уже не вижу Штирлица кинематографическим, с лицом известного артиста, вернее, нескольких артистов — я вижу иного человека.

Штирлиц — реален, так же как реальны очеловеченные миллионами читателей Холмс или Чичиков. Со Штирлицем можно разговаривать, мысленно, без всяких там блюдечек и спиритов, вызывая его дух. Точно так же в грустные минуты можно и хочется общаться с нью-йоркским Эдичкой. Или с лирическим героем Есенина.

Все перечисленные мной ребята многим хорошо знакомы и никого никогда не подведут. Если нет рядом человека близкого, и ты, может быть, засыпаешь в пустой и стылой, со рваными обоями квартире, а может, в окопе сидишь, а может — в камере, им, любому из них, можно сказать: «Ну что, старина, как дела? Я тоже тут вот, сижу, бля... Выберемся, нет?»

Юлиан Семенов сочинял Штирлица всю жизнь.

«Семнадцать мгновений весны» — крепко сбитый, всем известный, но не самый лучший роман Семенова о Штирлице — середина пути героя.

До этого много чего произошло, и после этого тоже.

Два романа о двадцатых годах: «Бриллианты для диктатуры пролетариата», «Пароль не нужен» — будущий Штирлиц в ведомстве Дзержинского, в Петрограде, на Дальнем Востоке, в Прибалтике.

Зарисовка, почти стихотворение в прозе — «Нежность» — Максим Исаев в 1928 году из Прибалтики перебирается в Германию.

Три романа о предвоенных годах: «Испанский вариант» (Испания, 1938 год), «Альтернатива», «Третья карта» (март — июнь 1941-го, Югославия).

Затем — «Майор Вихрь» (1942) — Штирлиц на оккупированных территориях СССР. Те самые «Семнадцать мгновений...» и «Приказано выжить» (весна 1945-го, Берлин). «Экспансия» (1946–1947, Испания и Латинская Америка). В романе «Отчаянье» (1947–1953) Штирлиц вернулся в Россию. И последняя книга одиссеи — «Бомба для председателя» (1967) — профессор Исаев еще раз навещает Германию.

Всего одиннадцать романов и один маленький рассказик.

Есть откровенно плохие — «Пароль не нужен». Есть хорошие приключенческие романы — «Майор “Вихрь”». И есть совсем замечательные.

Наверное, у Юлиана Семенова был не очень большой запас писательских приемов. Но все-таки был. Своя небрежная, но оригинальная манера письма, свой юмор. Он цепко, намертво держал сюжет, герои его были предельно тонко выписаны и ясны — лучшего, настолько крепкого, настолько явного Сталина, чем у Семенова, я вообще не встречал (я говорю о Сталине в «Альтернативе», «Третьей карте» и в «Экспансии»; в романе «Отчаянье», написанном в «новые времена», — уже другой Сталин, натуральный идиот, сбежавший со страниц либеральной прессы).

Семенов обаятельно совмещал нежную детскость восприятия мира и тонкое чутье аналитика, а порой и провидца.

Предвосхищая появление нынешних, облаченных в сановные одежды ничтожеств, Семенов писал: «Когда личность выдвигается к лидерству, как выявление вполне закономерной тенденции, тогда история развивается так, как ей и надлежит развиваться; в том же случае, когда у руля правления оказывается человек, который поднялся вверх в результате сцепления случайностей, тогда развитие мстит человечеству, словно бы наказывая его за пассивность, трусость и приспособленчество».

Еще он писал: «...Нормальные дети мечтают стать пилотами или музыкантами, хирургами или шоферами, маршалами или актерами, но никто из них не мечтает стать лавочником. Дети хотят иметь гоночный автомобиль, а не таксомоторный парк. Лавочник — раб достигнутого. Для него нет идеалов, кроме как удержать, сохранить, оставить все как есть».

Мог ли он тогда подумать, что нынешние дети будут мечтать о собственной лавочке как об абсолютном счастье?

Первые книги о Исаеве-Штирлице («Пароль не нужен», «Майор «Вихрь», «Семнадцать мгновений...», «Бомба для председателя») были написаны Семеновым еще в шестидесятые и сразу охватили фактически всю жизнь героя. Потом он только добавлял новые моменты в мозаику.

Лучший роман Семенова — это, конечно, «Альтернатива». Книжка написана абсолютным мастером в 1978 году.

Сочинения Семенова оставляют ощущение какой-то жюльверновской чистоты; мне нравится жить в таком мире, мне в нем уютно, он вовсе не надуманный, не пошлый, не, с позволения сказать, кастрированный... напротив — мир этот апеллирует почти к античным высотам духа, к мужчинам, способным на Подвиг, и женщинам, способным на Верность. Чего стоит только история любви Штирлица — он, еще юношей, в «Бриллиантах...» познакомился с прекрасной девушкой, провел с ней одну ночь, она забеременела — и больше они никогда друг друга не видели, но любили друг друга неизбывно.

И да, Семенов долгое время был очарован советской историей и великолепно ее мифологизировал — благо она имела для того веские основания. Еврейская кровь Юлиана Семеновича Ляндреса (Ляндрес — настоящая фамилия Семенова) ни в какие противоречия с писательской задачей долгое время не вступала.

Хотя, так сказать-с, порода чувствовалась с самого начала. Конечно же, любимый поэт у Штирлица — Борис Пастернак. Штирлиц его книжку, заезжая в Париж в тридцатых, купил, прочел и запомнил наизусть. Не хранить же ее в Берлине под подушкой. Еще Штирлиц то и дело вспоминает Гейне.

Это, впрочем, еще мелочи.

Писателя не убили ни во Вьетнаме, ни в Лаосе, он не умер с перепою и, к несчастью, дожил до «новых времен». К этому времени вся одиссея Штирлица были написана — кроме одной части, одного периода — возвращения Штирлица домой после завершения Великой Отечественной.

И в 1990 году Семенов выдал роман «Отчаянье»: злобную, бестолковую и бессюжетную пародию на свои собственные книги.

Конечно, Штирлица по возвращении в Советский Союз сажают. КГБ уничтожает его сына и его жену. Едва не убивают — по велению Сталина! — самого Штирлица. Семенов, возможно, и Штирлица грохнул бы — но уже, повторимся, был издан роман о деятельности разведчика в 1967 году, несостыковочка вышла бы.

«Еврей, конечно?» — спрашивает в «Отчаянье» Сталин о Штирлице.

«Русский», — отвечают ему.

«Штирлиц — не русское имя... Пройдет на процессе как еврей, вздернем на Лобном месте рядом с изуверами...» — говорит Сталин.

Я очень смеялся, когда читал.

«Врачей-убийц будем вешать на Лобном месте. Прилюдно, — еще раз повторяет в романе опереточный Сталин. — Погромы, которые начнутся за этим, не пресекать. Подготовить обращение еврейства к правительству: "просим спасти нашу нацию и выселить нас в отдаленные районы страны" ...Все враги народа — жидовня... я им всегда поперек глотки стоял...»

Очень трогательно, когда радикальные антисемиты, с одной стороны, и люди, одержимые своим еврейством, с другой, сходятся в крайностях. Вот этот семеновский Сталин — безусловно, милая сердцу мечта любого пламенного «жидоеда», с удовольствием вложившего бы в уста вождя точно такие же речи.

Московские чекисты в «Отчаянье» — все параноики; Берия — параноик, Деканозов — ничтожество. Но есть один положительный герой, чуть ли не «единственный, кто по-настоящему работал» (цитата из романа)... Это, конечно же, офицер КГБ Виктор Исаевич Рат.

Ненависть к «жидовне» не единственный признак паранойи Сталина. В одном месте он призывает расстрелять в лагерях «наиболее злостных врагов народа...

Десять процентов многовато, а пять достаточно. Как, товарищ Молотов? Согласны?» И Молотов отвечает, заикаясь: «Д-да, т-товарищ Сталин, с-согласен...»

Черный анекдот, а не книжка.

Понятно, что у Семенова была личная обида: его отца, Семена Ляндреса, работавшего в «Известиях» вместе с Николаем Бухариным, а впоследствии занимавшего должность уполномоченного Госкомитета обороны, в тридцатые посадили. Но потом ведь отца выпустили, реабилитировали.

По сути, Семенов, развенчивая старые мифологии, начал работать на формирующийся слой лавочников. Тех самых, о которых совсем недавно писал с ненавистью, — более всего озабоченных тем, чтобы мир был рационален, благообразен и навсегда избавлен от героев и чудовищ.

Лавочники и погубили его. В «Книге мертвых» Лимонов выдвигает убедительную версию о том, что миллиардера Семенова угробило жадное окружение; покойный Боровик там фигурирует.

В 1991 году Семенова разбил инсульт, три инсульта подряд. Это очень символично, что он умер вместе со своей красной империей, от которой пытался отказаться, но не вышло — она, утопая, затянула его в свою огромную черную воронку.

Семенову наделали каких-то операций и, обездвиженного и невменяемого, упрятали с глаз долой. Он иногда приходил в сознание. Даже пытался начать работать... Боже ты мой, какой это ужас — тридцать лет куролесить по миру, рисковать шкурой, написать сорок романов, продать миллионы экземпляров своих книг, познать столько всего... и потом... вот так вот...

Осенью 1993-го Семенов смотрел по телевизору расстрел Белого дома. Похоже, он понимал, что происходит, в глазах был полный, мучительный ужас, он рыдал. И вскоре умер, в ту же осень.

Зададимся простым, привычным вопросом: что он оставил?

Ну да, несколько хороших книг, которые сегодня хотят использовать новые лавочники, рядящиеся в чекистов. Говорят, например, что эпос о Штирлице снова будут экранизировать. Ужас: эта публика может окончательно убить Семенова, они это умеют. Все, к чему они прикасаются своими руками, превращается в пакость.

Зато словами Семенова можно к этим же лавочникам обращаться.

«Надейся на лавочника, — просил он в одной своей книжке правителя Германии. — Я очень прошу тебя... Думай, фюрер, что благополучие нескольких тысяч в многомиллионном море неблагополучия — та реальная сила, которая будет служить тебе опорой».

И еще вспоминаются несколько строк Семенова, когда думаешь о рыдающем писателе у экрана телевизора, и той боли, и той жути, которые еще предстоит пережить нашей земле. Вот эти строки: «Это очень плохое качество — месть, но если за все это не придет возмездие, тогда мир кончится, и дети будут рождаться четвероногими, и исчезнет музыка, и не станет солнца...»

КРИК В БУРЕЛОМЕ

Поначалу захотелось переслушать Егора Летова — прежде чем писать. У меня есть пластинок тринадцать его. Потом подумал: а зачем? Зачем выдумывать нового Летова, когда у меня уже есть тот, с которым прожил какой-то отрезок времени.

Не всю жизнь, нет.

Есть известное выражение, которое употребляли в свое время хиппи: «Не ходи за мной — я сам заблудился». На первый, нсточный взгляд может показаться, что эту фразу мог повторить и Летов в последние годы. Но мне кажется, что тут куда больше подходит иная формулировка: «Не ходи за мной — я уже пришел».

Летов говорил в предпоследние времена, что больше не хочет писать песен — куда интереснее петь чужие. Опять же, думаю, вовсе не потому, что исписался, — а оттого, что все сказал.

Слова кончились.

Зато появилось ощущение, что после всех своих метаний, катастроф и ломок Летов наконец-то просто поживет, жизнью, почти в тишине, совсем немного музыки оставив.

Он умел молчать, хотя его-то как раз хотелось слушать — в то время как иным хриплым и вздорным глоткам давно пора заткнуться.

Каким странным это ни покажется после прослушивания «Гражданской обороны» — но Летов был очень тихим человеком.

Он не кричал — это в нем кричало.

В то время как многие его, так сказать, коллеги по цеху старательно рвут глотку в то время, когда внутри все вымерзло, а на языке дурная трава наросла.

Когда у Летова перестало внутри кричать — кровь встала. Видимо, крик этот и толкал сердце.

Всякий разумный человек понимает, что в музыке Летова не было ничего деструктивного, ломкого, черного. Напротив, все сделанное им было бесконечным преодолением хаоса. Было, скажу больше, объяснением в любви тому самому русскому полю и даже тем самым русским людям, у которых все как у людей.

Сквозь этот дикий крик только одно и слышится: «Милые мои, потерянные, что же мы все здесь будем делать, как же нам не пропасть тут пропадом...»

Сегодня говорят, что Летов настолько внесистемен, внеидеологичен, да и попросту дик, что он как бы уже и не русский, а какой угодно, вне географий, вне границ, всечеловеческий. Сущая ерунда, конечно, потому что в силу именно этих своих качеств Летов и является русским на всю тысячу процентов. Как, впрочем, и всякий иной великий русский.

Я не услышал его тогда, когда Летова пел всякий дурак с гитарой во дворе, ни единого слова не понимая. Если бы понимали — они бы не разошлись, едва повзрослев, по сторонам, все эти беспутные недоростки, рисовавшие «ГрОб» на стенах и оравшие «Все идет по плану!».

Я услышал его в те дни, когда полюбил женщину, девушку, девочку, — и в ее изящной квартире, совершенно неожиданно, играл Летов, «Сто лет одиночества».

— Меня это очень возбуждает, — говорила мне она, и в этом не было ни гранулы пошлости, а только чистота, страсть, стремительное солнце.

Отсюда, из этой страсти, рукой было подать до Лимонова и его ватаг: приход Летова к нему был абсолютно логичным. Они оба занимались, по сути, одним и тем же: никакой не политикой, а спасением человека, спасением почвы, на которой человек стоял, преодолением несусветной пошлости и бесконечной подлости.

Только безумцы думают, что Летов писал песни про анархизм, про фашизм, про наркотики и про «пошли вы все на х...».

Он пел о том, что испытывал ужас от такого, когда «...дырка на ладони — так ему и надо, Некому ответить — нечего бояться!»

Потому что надо отвечать.

И он отвечал, сколько смог, как умел, как получалось. Тем временем ненасытный хаос настигал, реальность выварачивалась наизнанку и жила так — мясом, белыми костями грудины, нервами и кровотоками наружу. Потому что — надо больно, больно надо, иначе никак.

Летов стремился к человечности по-настоящему, по-человечески, всеми силами, поперек любой кривды, к последней истине напрямую, через бурелом.

Когда я закрываю глаза и пытаюсь представить, как Летов пишет и поет песни, я только такую картину и вижу: чернеющий, насмерть спутанный корнями и сучьями кромешный лес, сквозь который бредет, прорывается слабый человек с голыми, в кровь разодранными руками.

Он, конечно же, вышел на свет. Иначе не может быть.

ЖАРА И ГЛЯНЕЦ, ДЕНЬ ЧУДЕСНЫЙ

С новым русским кино мне тотально не везет. Все время кажется, что есть какое-то другое новое русское кино, а то, что мне подсовывают, — это недоразумение, которое приличные люди и обсуждать постесняются.

Но нет, открою иной журнал — и там описывают наши замечательные кинокартины, у всех серьезные лица, никто не прыснет со смеху, не скажет: «Да ладно, мужики, мы же глумимся! Разве об этом кошмаре можно говорить!»

Новое русское кино (то, что я видел) снимают люди, которые не умеют этого делать. Как правило, кино повествует о том, чего не знают люди, которые его снимают. И в конце концов это кино показывают тем, кого авторы фильма не уважают и уважать не умеют.

Досмотреть новое русское кино до конца у меня не хватает физических сил, в эти минуты я всем своим существом понимаю, что жизнь свою трачу впустую, и потом очень долго не могу простить себе полтора или два часа всмятку убитого времени.

Последний фильм, который я в муках, в три захода все-таки досмотрел до конца, — «Глянец» Михалкова-Кончаловского. По итогам просмотра я вновь понял, что дар — это то, чем тебя одаривают. Однажды одарили — однажды и забрать могут. Быть может, дар — это не самая приятная вещь, подозреваю, что он тяжел, его приходится таскать на горбу и за него надо отвечать всей судьбой своей. Михалков-Кончаловский снял бездарное (то есть лишенное дара) кино, зато сам он выглядит отлично, и нет никаких причин, чтобы осуждать его за это. Очень взрослый парень налегке — какие к нему могут быть претензии.

«Глянец» замечательно иллюстрирует тезис, что кино у нас снимают о том, чего не знают: российский кинематограф — своеобразный вид социальной фантастики, куда более стыдный, чем самый паскудный соцреализм. Михалков-Кончаловский не знает, что такое русская деревня, не знает, кто такие русские бандиты, не знает, что такое русский глянец, — но жаждет все это изобразить. В итоге не только он, но и многие иные российские режиссеры снимают русскую жизнь почти так же, как ее снимают европейцы или американцы. Только если у зарубежных, млять, мастеров киноискусства получается просто китч, то у наших — китч с претензией на духовность, на достоевскость, на знание психологии драной русской души. Иностранцы делают бодрый, горячий и питательный навоз, а наши — навоз рефлексирующий, изначально холодный, которым даже огород удобрять нельзя.

Мне лень разбирать по деталям картину Андрона Сергеевича: почти вся она вылеплена по-дурацки, будто придумывалась на ходу. Вспомните хотя бы, как дешевый деревенский бандит, кошмарящий в своем Мухосранске ничтожных журналистов, откуда-то появляется в Москве, давит на спонсоров элитного показа мод, а потом становится приближенным непомерно крутого олигарха.

Всякий герой этой фильмы слишком много и подробно объясняет, что, как и зачем он делает: от того дядьки, что изображает «торговца лохматым золотом» Листермана, до той тетьки, что изображает редактора глянцевого журнала. Режиссер то ли держит зрителя за дурака, то ли сам себе весь фильм пытается объяснить, что есть глянец в его понимании. Скорей второе.

Канувшую в неизвестность сюжетную линию с двумя гологрудыми молодками заметили, наверное, даже самые невнимательные зрители («а где эти... девки с сиськами?..»).

Нашумевшая «Жара» — такой же «Глянец», только для подростков. Ее я вынес только до половины: милый набор банальностей и благоглупостей, а также удивительной психологической немотивированности поступков всех героев (о, как встречали Чадова из армии! Всей душой верю, что все авторы и герои фильма однажды были дембелями).

Особенно мне понравилась сцена, как целая банда престарелых «фашЫстов», подобная стаду пьяных быков, носилась по всему городу за одним полутораметровым Тимоти и потом сидела до ночи у его подъезда: ну разве встретишь в Москве хоть одного человека неарийской расы? Редко бывает такое везенье: и если встретил, надо весь день тратить на его отлов, бомберов не щадя. Нет, честное слово, наши кинематографисты хуже любого шведа: они видели свою страну только по телевизору.

Картина «Нулевой километр» была тупо остановлена на первой же сцене и забыта навсегда. Даже если там дальше все замечательно (хотя не верю), нечего было начинать столь бездарной актерской игрой.

Пока лежат на полке «12» и «1612», но их я боюсь смотреть: наверняка сделано очень эпохально, и в конце нужно будет разрыдаться, как я уже делал на «Сибирском цирюльнике». Побережем нервы.

Вчера решил успокоить сердце и уйти от современников к классикам: включил недавнюю экранизацию Андрея Платонова «Отец».

Кино вдумчивое, с претензией: тарковские планы, мхатовские мизансцены — и тоже очень плохое. Его авторы могут обижаться, а обижаться нечего: ну не получилось.

Одно опечалило особенно сильно. Даже самое дурное советское кино о войне или о деревне (или, в конце концов, о народе вообще) было убедительным психологически. Да, да, была лакировка, были подмалевки вместо фильмов, было вранье натуральное. Но! Так сложилось, что великое множество русских советских актеров и режиссеров только что вышло из деревни, пожило жизнью военно-тыловой голодраной пацанвы, а иные и сами повоевали, пострадали, полютовали. В итоге, если герой или героиня советского фильма попадали в кадре, скажем, в деревнскую избу — они изначально знали, как там двигаться, знали, как там говорить, как смотреть, как жить, в конце концов. Их не нужно было учить: они сразу были дома.

А современное наше кино — все будто в гостях: хоть в окопе оно, хоть в редакции глянца, хоть в деревне, хоть в армии.

Я даже не смогу найти нужные (и отсутствующие) детали в «Отце» — но твердо видел, что и мужик, и женщина, и дети в этом фильме — они из другой жизни, они голландцы какие-то в русской избе: ничего там не понимают, не знают, не умеют, бродят, как деревянные.

Русское кино! Какое-то ты не русское стало.

Пойду я Киру Муратову смотреть. Сил нет уже никаких.

I LOVE TV

А что плохого в телевизоре?

А ничего плохого.

Что мы так все взъелись, в конце концов. Окно в мир, однако. Откуда бы я еще знал, какая неприятная, хотя и приветливая с виду, власть сегодня в России, если б не было телевизора. Александр Андреевич Проханов обмолвился как-то, что в середине 90-х включал телеэкран и в течение пяти минут вдохновлялся на создание новой, кипящей страстью и ненавистью передовицы в газете «Завтра». Надо понимать, что, если экран светился и мерцал чуть более часа, вдохновения как раз хватало на роман; по крайней мере, на несколько глав.

Я его понимаю, Проханова.

А вот моя любимая женщина смотрит иногда сериал про «Дом» с Ксенией Собчак. Я тоже порой смотрю и хочу заметить, что давно не видел Алены Водонаевой, особенно мне нравилось, когда ее бил Степа Меньшиков. Моя любимая сказала, что они ушли из «Дома», и я очень огорчен. Мне кажется, что люди, побывавшие в «Доме», уже не могут никуда уйти — что им вообще делать на свободе?

Еще мне очень нравился негр Сэм — за все четыре года существования программы «Дом» это был единственный человек, который читал там книги. Я сам несколько раз видел. «Хижину дяди Тома» он читал один раз. Потом еще что-то подобное, про трудную долю бедняков и гастарбайтеров в других странах. Я очень его уважал за это и каждый раз пытался разглядеть обложку. Но его девушка всегда мешала ему читать, предназначение книги ей было непонятно и неприятно. Если бы Сэм целыми днями лазил по деревьям, она, вероятно, относилась бы к этому спокойнее.

Белые люди в этой программе вообще книг не читают, они же белые. Они круглыми сутками выясняют свои нелепые отношения, а затем, в силу стечения не совсем внятных обстоятельств, чаще всего для того, чтоб их не турнули с программы, меняют сексуальных партнеров, хотя, так сказать, самое важное нам не показывают. Но я в любом случае очень благодарен программе «Дом»: я понял, куда и с какой целью тратят свою единственную, неповторимую жизнь большинство человеческих особей в моей стране. Был БАМ, стал «Дом». Звучит почти одинаково.

А сам я по утрам читаю и одновременно смотрю несколько музыкальных каналов, переключая с одного на другой, если песни не нравятся. Хотя, учитывая то, что я смотрю музыкальные каналы без звука, вести речь о песнях как-то странно. Наверное, мне нравятся танцы. Да, определенно танцы. Но я очень не люблю, когда поют и танцуют мужчины. Это неправильные какие-то песни. Вот есть, к примеру, альтернативный музыкальный канал, там вообще одни мужчины поют, с гитарами, раздраженные, и много волос на них растет. Такая музыка нам не нужна. А есть другие каналы: там девушки, совсем не раздраженные, но тоже с волосами. Их все время как-то пригибает к земле, иногда они даже не ходят, а ползают на четвереньках, склоняя головы, как будто принюхиваясь к чьему-то следу; и от этого их еще больше колотит. Видимо, кто-то ходит там неподалеку, с резким запахом и босой. Порой я, заинтригованный, бросаю читать новую книгу Быкова и очень переживаю за девушек, не в силах оторвать глаз от экрана. Даже звук иногда включаю, но тут же выключаю. Хорошо, что у телевизора есть эта функция: раз — и ничего не слышно. Ползайте молча.

Все, доползли. Ну, давай, Дмитрий Львович, рассказывай, чем там дело кончилось. Не, погоди, опять началось...

Другие каналы у меня плохо показывают, все сорок восемь или около того. Потому что на крыше у меня упала антенна, и поднимать мне ее лень — лет эдак уже семь или восемь все рябит и поскрипывает. Это мне тоже нравится, потому что у политиков такие смешные и искривленные лица получаются, какие, собственно, и должны у них быть.

Или когда показывают юмористические передачи, там тоже все выглядят как идиоты, особенно зал, и это жизненно, это правдоподобно.

Так как я известный русский писатель, не как Быков, конечно, но тоже знаю нескольких людей, которые читали мои книги до конца, — ну вот, так как я писатель, меня приглашают на телевидение, и у меня есть возможность выяснить, кто это телевидение смотрит.

Во-первых, конечно, его смотрят мои родственники, потому что моя мама, узнав о программе с моим участием, всем звонит и приглашает посмотреть на ее сына, хотя родственники меня часто видели и раньше, в детстве, в юности, потом, когда у меня была свадьба, и на нескольких других семейных праздниках. Но они все равно смотрят и удивляются.

Но это очень маленькая аудитория, есть много других людей, которых я, к примеру, не приглашал на свадьбу. Они тоже меня смотрят, даже без маминых просьб.

Однажды я был на программе «Школа злословия», которую ведут Татьяна Толстая и Дуня Смирнова, очень хорошие и приветливые люди, хотя я раньше ше думал о них несколько иначе. Программа их, надо сказать, идет ночью. После того как она вышла в эфир, на мой сайт случилось паломничество, посещаемость его фактически достигла посещаемости сайта «Все книги Дарьи Донцовой бесплатно», а мои издатели сообщили, что в течение двух недель неизвестные люди смели в магазинах тиражи моих книг, хотя до этого предыдущий, и предпредыдущий, и еще который перед ними тиражи продавались по полгода или даже год иногда.

Я понял, что попал на золотую жилу, и немедленно отправился на программу к Андрею Малахову, которая, как говорят, является самой популярной среди российских телезрителей. Я подумал, что люди меня опять увидят и скупят новые тиражи моих книг вообще за день. Тогда мне выпадет счастье получить большие роялти и купить милым моим детям много игрушек, так как себе я уже все купил, а детям еще не все, потому что им старые игрушки быстро надоедают.

Но после того как вышла программа Малахова, ни один, я вам клянусь, новый человек не зашел ко мне на сайт, чтобы узнать, что это за безволосое существо столь оригинально рассуждало с экрана. Ну и книги в магазинах как лежали, так и лежат.

То есть программу Малахова смотрят в пятьдесят раз больше людей, чем «Школу злословия», но моих читателей средь них нет вообще. В свою очередь, среди зрителей полуночной «Школы злословия» читателей у меня много, и я счастлив, что мы друг друга нашли.

Это я вам не к тому рассказываю, чтоб о себе поговорить. Это я просто на своем примере постиг некоторые принципы существования телевидения.

И сейчас нам придется называть вещи своими именами, потому что мы в своем кругу, который, как всегда, страшно далек от народа.

Интеллигентные люди, понял я, подобно животным какого-то редкого вида, либо не смотрят телевизор вообще, либо мигрируют в темноту, в сторону ночных программ. Во-первых, ночью никто не застанет интеллигентного человека за постыдным занятием просмотра телевизора (если только другой интеллигентный человек, лежащий под тем же одеялом). Во-вторых, ночью есть удивительная и редкая возможность посмотреть что-нибудь «нерейтинговое».

Но, думаю, и ночная лафа скоро завершится, потому что без рейтинга никуда, и если петросенко и степанян найдут свои сорок миллионов человек, готовых смеяться и ночами, значит, так тому и быть.

И хорошо, что так.

Телевидение уже сегодня стало очевидной приметой чего-то безусловно нечистоплотного, неопрятного, рассчитанного на людей со слабой способностью к анализу действительности и к мышлению вообще. Со временем привычка смотреть российское телевидение должна попасть примерно в один ассоциативный ряд с привычкой застегивать ширинку за пределами туалета, красить волосы пергидролью в цвета первобытной пошлости, писать доносы на соседей, прилюдно читать книгу с названием «Фейсконтроль для Дездемоны» и впоследствии рекомендовать ее знакомым, верить в реальность существования авторов писем, публикуемых изданием «Спид-ИНФО», говорить «звонит» с ударением на первый гласный, «ложить» с любым ударением, ну и так далее, сами знаете, что я тут распинаюсь.

И не надо ничего запрещать. Надо, чтоб существовало пространство, куда можно уйти, оставив этот дурацкий, набитый подлостью и глупостью сундук пылиться в углу.

Но такого пространства пока нет.

«...А ПОТОМУ, ЧТО ОНИ УРОДЫ!»

Путевые заметки на салфетке

У самого известного латышского националиста фамилия Сиськин. Вообще он Шишкин, но в латышской транскрипции буквы «ш» нет, посему пришлось Сиськиным ему доживать свой трудный век. Он тот самый Сиськин, что проходил по делу о взрыве памятника Освободителям. Трибун, крикун, ну и врун, не без того. Как водится среди националистов — полукровка, латыш только наполовину.

Сиськин, к счастью, в своей стороне оказался маргиналом, они его даже посадили, обнаружив террориста, как и следовало ожидать, в землянке.

В реальности в Латвии нет никакого такого фашизма. Так, по крайней мере, показалось мне на первый, скользящий, поверхностный взгляд.

В Риге русская речь слышна чаще, чем латышская. Несколько дней я бродил по кафе и магазинам, втайне надеясь, что вот сейчас меня откажутся понимать или отберут меню, или раздумают обслуживать. Не тут-то было.

Все меня обслуживали, все мне продавали, и бармены говорили на самом чистом русском, и вообще есть подозрение, что там одни русские повсюду. Ходят как дома.

Знаете, как там тепло на душе становится в магазинах, когда из подсобки один бодрый женский голос кричит с непередаваемой на письме интонацией: «Мань, а где мешки-то свалены? Мешки, говорю, где, Мань?» Так только в какой-нибудь рязанской деревне могут кричать. Даже в Москве так кричать не умеют.

Гостиница, куда нас заселили, располагалась напротив парка.

Выйдя на улицу со своим латышским знакомым, я спросил: «А где тот парк, где Санькя закопал пистолет, прежде чем убить судью?»

У меня есть роман «Санькя», там одноименный молодой экстремист приезжает в Ригу, дабы смертельно наказать судью Луакрозе, посадившего советского ветерана на 15 лет. Санькя закапывает ствол в парке, а потом раскапывает и, выпив для храбрости, отправляется на «мокруху».

«Где этот парк?» — спрашиваю, любопытствуя. Я в Риге никогда не был до того момента и судью не убивал, как некоторые предполагают.

«А вот!» — отвечает знакомый.

Меня, оказывается, поселили ровно напротив этого парка, через дорогу. Едва ли с умыслом произвели со мной такое — чтоб я, как Раскольников, пошел во тьме на место преступления. Это, скорей, очередной случай божественной иронии: я очень часто замечаю, как нам подмигивают сверху. Что, мол, парень, ты до сих пор думаешь, что Бога нет? А вот я, опять тебе вешку поставил, чтоб не забывал.

Судья тоже, как выяснилось, жил неподалеку. Его действительно убили, из ППШ, в упор, и убийцу не нашли, хотя русский экстремистский след рассматривался всерьез.

ППШ, автомат Второй мировой, действительно вызывает приятные русскому милитаристскому духу ассоциации; и фильм «Брат» с продолжением отчего-то сразу вспоминается. Но вообще это оружие куда с большей вероятностью могло храниться у бывших латышских партизан, воевавших сами знаете против кого.

Так что еще неизвестно, что там сталось с судьею, кому он поперечен был.

Зато русский ветеран Кононов, герой, умница, железный старик, которого в Латвии долго мурыжили, в наш приезд украшал своей вовсе не старой, очень бодрой и оптимистичной физиономией первые полосы местных газет. Мало того что его, якобы участвовавшего в геноциде местных «лесных братьев», отпустили-таки из тюрьмы, он еще в Европейский суд подал, запросил несусветную сумму компенсации и теперь уверяет, что победа у него в кармане.

Нет, что вы ни говорите, а Латвия — страна свободная. В другом, может, понимании, в западном, — но и в этом значении тоже свобода кое-чего стоит.

На Книжную ярмарку, где я гостил, заглянул президент Латвии, высокий, вполне симпатичный внешне человек. Я хотел было сбежать, но меня поймали и вернули, представив главе Латвии как «будущего русского классика».

— Желаю поскорее им стать! — сказал президент и неспешно пошел дальше; охраны с ним было мало.

Тем временем мы отправились пить вино в местное, прямо посередь ярмарки, кафе, в компании с латышами (как русских кровей, освоившихся и обжившихся там, так и нерусских).

Пока я прикладывался к рюмке, в тридцати метрах от нас вновь образовалась знакомая фигура — президент куда-то шел далее, и за ним то ли два, то ли три охранника. И больше никого вокруг. Все сидели за столиками, и никто даже не оборачивался.

Я говорю:

— Вы это... чего вы это так? Вон ваш президент ходит, ау! Что вы тут свои котлеты потребляете? Если б в России шел президент по ярмарке, никто бы не смел есть, и вокруг него уже стояли бы толпы ликующих и обожающих.

— Мы терпеть его не можем, — ответили мне мои спутники. — Президента у нас вообще никто не любит. А чего его любить? Все производство стоит, половина Латвии уехала на заработки в Англию, цены растут втрое каждый сезон, а зарплаты далеко не теми же темпами поднимают...

— Ну так и у нас то же самое! — хотелось заорать мне. — И это ничего не меняет в отношении людей к власти!

Но я ничего не сказал. Только и делал, что зачарованно смотрел на одинокого президента, на которого почти никто не обращал внимания.

— Запад, — думал я. — О, Запад есть Запад... Восток есть Восток...

Принял увиденное к сведению и пошел дальше.

Заглянул между прочим в местный музей латышской военной славы.

Слава заключалась в том, что жителей этого, по сути, несчастного побережья поочередно били то немцы, то русские, то совсем какие-нибудь эстонцы, а еще чаще первые, вторые и пятые проходили сюда, чтобы посередь латышских земель сразиться друг с другом, но если кто из местных не успевал спрятаться, резво выскочив из своих деревянных башмаков, — ему однозначно не везло.

Лучше всего латыши воевали в компании с кем-то (ну, про латышских стрелков слышали все).

Так вот, все, что мы краем уха слышали, — все правда. Упрямые, жесткие, честные солдаты. Чего они так долго не могли построить свою государственность, я даже не понимаю, а в музее этого мне никто никак не объяснил. Я только видел гравюры, где изображено, как во времена Ивана Грозного русские ратники расстреливают из арбалетов латышских женщин и детей. А где мужчины-то были?

Вечером мы выступали совместно с латышскими поэтами, которые сочиняют, между тем, стихи на русском языке, правда, без рифм. Ну, и русские сегодня тоже не особенно рифмуют, у нас эпоха верлибра, рифмовать в падлу.

С нашей стороны была без обиняков королева слэма Анна Русс, тут вообще особо ловить было некому, но местные не сдавались, тоже жгли как могли, танцевали, приседали и немножко подпрыгивали. Смотрелось иногда трогательно, иногда брутально, к тому же латыши вообще красивые люди, особенно красивые у них женщины, таких, помните, как у Довлатова, даже в московском метро не часто встретишь. А там — ничего, ходят себе по улицам, высокие, как температура.

И вот мы в компании с поэтами и с этими женщинами отправились на финальный званый вечер в честь русских писателей. Такие приемы, надо сказать, случались ежедневно, и кормили на них так, как в России не кормят нигде.

— В России фуршеты кончаются, а здесь нет, — философски заметила Анна Русс, и это было чистой правдой. На фуршетах были бессчетные разноцветные рыбы и разномастные грибы, мясо и фрукты, невыносимо разнообразный алкоголь в таких количествах, что мы ни разу не смогли его допить, что поставило под сомнение миф о русских писателях, которые моря переходят, не закусывая.

Но в последний вечер все было вообще за границами здравого смысла.

— Слушайте, вас всегда тут так кормят? — спросил я у латышского поэта.

— Нас вообще здесь никто не кормит, — ответил он мрачно.

— А что ж сейчас происходит такое?

— А русские приехали — иначе и не может быть.

— Здесь что, так страстно любят Россию? — спросил я возбужденно.

Поэт посмотрел на меня почти иронично.

— Втайне все считают, что русские — уроды, — ответил он просто.

Я помолчал секунду, отчего-то польщенный.

— А зачем тогда кормят?

— Иначе с русскими нельзя.

Надо ли мне говорить, что во мне все заклокотало от великорусской пьяной гордости после его слов? Вот-де мы какие! Ур-ро-оды! Зато нас кормить надо! А если мы бабу попросим? А? Вот эту, за барной стойкой?

Потом я протрезвел, конечно, чего желаю и всем русским вообще.

Я думаю, что поэт несколько преувеличил. У поэта в глазах вообще должны стоять увеличительные стекла, и между стеклами рыбки плескаться.

И мы не уроды, и они — в глазах русских — тоже вовсе нет.

Сами латыши, когда говорят, что Россия вот-вот их захватит (а они говорят — столь же часто, как мы о стабильности), знают, что все это ерунда. Ну, как наша стабильность. И мы, когда, кривясь, что-то пылим по поводу Прибалтики, тоже внутренне давно остыли. Развлекаемся просто, чтоб о самих себе не помнить, а возбуждения при этом никакого.

Оттого что — все, разошлись как в море корабли. Теперь можем ездить друг к другу в гости. Их Сиськин нам не помеха. А если у нас свой Сиськин заведется, то мы ему тоже в морду дадим. И потом накормим гостей. Вовсе не потому, что они уроды. А потому, что нам есть чему у них поучиться и есть чему их научить. Отличное начало для новой жизни.

ШЛИ ПОЭТЫ ПО ЭТАПУ, ПО СИБИРИ-МАТУШКЕ

Литераторы все время хотели спать.

Но они не подавали виду и только смотрели на мир мрачно, как положено всякому русскому сочинителю.

Маршрут литературного экспресса «Москва—Владивосток» был разделен на четыре этапа: Москва—Екатеринбург, Екатеринбург—Красноярск, Красноярск—Чита, Чита—Владивосток.

О том, как прошли по этапу иные литераторы, ничего не скажу. Отвечаю только за свой путь. Мы ехали от Красноярска до Читы; дорога заняла, кажется, шесть дней, хотя точно поручиться за это не могу. За месяц специальный прицепной писательский вагон пересек 16 регионов, около сорока писателей провели более двухсот встреч, раздали бессчетное количество автографов, увидели и полюбили свою страну, и страна увидела их; но полюбила ли — это мы когда-нибудь позже узнаем.

До Красноярска мы добрались по воздуху: вылетели из Москвы поздно ночью, приземлились утром, поспать не очень удалось, и вскоре началась стремительная культурная программа.

Нас было немного. Писатель и критик Павел Басинский, из-под очков поблескивали строгие и одновременно лукавые глаза. Наше все Дмитрий Быков.

Дмитрий Новиков из Петрозаводска, большой и наблюдательный. Детские писатели Эдуард Веркин и Сергей Георгиев, держащиеся несколько поодаль от недетских писателей. Прозаик, эссеист Игорь Клех, спокойный и умный. Живые классики Евгений Попов и Леонид Юзефович. И я.

(Должен был наличествовать Веллер, но он заболел.)

Красноярск был чист и свеж, прохладная щекотка забиралась под воротник.

Мы увидели Енисей, Енисей потряс нас. Волга — не река, запальчиво понял я, живущий на Волге. Енисей — вот река.

Мы съездили на родину Виктора Астафьева в Овсянку; не уверен, что строгий старик был бы счастлив видеть всех нас, но что делать — мы пришли и бродили по дворику, где совсем еще недавно жил великий писатель земли русской; и там такой трогательный памятник стоит — где Виктор Петрович с супругою сидят возле домика своего на лавочке, оба как живые. Очень понравилось.

Особенно понравился экскурсовод, который предупредил писательский десант, что-де Виктор Петрович строгий был, поэтому вы уж тут матом не ругайтесь возле могилы, водку не пейте. Как говорится, спасибо, что предупредили. Так бы никто не догадался.

После Овсянки, вдохновленные, мы разъехались кто куда: один в библиотеку, второй в книжный магазин, Евгений Попов в Большую Мурту, Дмитрия Быкова вывезли на берега Енисея, в Дивногорск, а я попал в закрытый город Железногорск.

Там, в центральной библиотеке, ожидал меня полный зал ясных, светлых, щедрых и бесконечно обаятельных людей. Мы разговаривали два часа, а потом еще долго фотографировались на улице. Сердце мое ликовало.

Встретившись по возвращении в Красноярск со своими коллегами, я обнаружил, что счастливы были все: Сибирь и сибиряки овладели писательскими сердцами легко и полновластно.

Утром на красноярской платформе мы встречали второй этап «Литературного экспресса», шедший из Екатеринбурга к конечному своему пункту. Ехидно посмеиваясь, мы представляли, как сейчас из поезда, едва откроют дверь, начнут выпадать глубоко похмельные, не похожие на самих себя, растерявшие за неделю вещи и достоинство литераторы. А тут — видеокамеры, хлеб-соль, девушки в кокошниках. То-то позор будет.

Но наши трогательные ожидания не оправдались.

Ловко спрыгнул, ни на ком особенно не фокусируясь, подтянутый Владимир Сотников, писатель и сценарист. Вышел в свой дневной дозор Сергей Лукьяненко, самый известный фантаст в мире после Стивсна Кинга.

— Здравствуй, Сергей! — сказал я бодро (мы знакомы). Но Лукьяненко прошел мимо, неся на лице привычное свое выражение умиротворенности и внутреннего покоя. Я не стал нарушать этот покой. Тем более что он прошел не только мимо меня.

Зато писатель Роман Сенчин меня узнал, он был первозданно свеж, взор его лучился, и полный белых зубов рот улыбался. Я не верил своим глазам.

— Рома, отчего вы так хорошо выглядите? — спросил я зачарованно.

— Сухой закон, — ответил Рома спокойно, улыбаясь одними глазами. Я не поверил, конечно; но сомнения остались.

И тут же нам пришлось расстаться: наш «литературный вагон» уже отбывал в Иркутск.

Стремительно загрузились и отчалили.

В поезде мы надеялись обнаружить непоправимые следы писательского пребывания, вроде надписей, ржавым гвоздем нацарапанных на стене возле кровати: «Здесь жил и страдал Роман Сенчин» или, например: «Лукьяненко — лучший» (без подписи). Но надписей не обнаружилось. В поезде царил идеальный порядок.

Зато я нашел в своем купе отличную, чуть ли не ручной работы, деревянную кружку, видимо, подаренную кому-то из наших предшественников. Так что, если кто-то из писателей потерял эту вещь, знайте: она у меня, и я вам ее не верну.

В каждый последующий город мы прибывали в 4.30 или в 5 утра. Писателей немедленно поднимали и высаживали на улицу, где шел редкий снег и нежно похрустывали лужи.

«Ночь в пути — день в работе» — таков был девиз нашего путешествия. Нам было сложно, не скрою. У нас не было сухого закона, младшая часть писательского десанта его немедленно отменила. Отмена прошла легко и с куда большим пониманием значимости события, чем, скажем, отмена крепостного права в свое время.

Далеко за полночь, с трудом, как на вечную разлуку, расставаясь, мы разбредались по купе. Казалось, что спустя три-четыре часа нас не сможет поднять и метеоритный дождь. Сам я, впрочем, поднимался через два с половиной часа и по старой нездоровой привычке убирался в купе и заправлял кровать (что приводило в некоторое даже бешенство моего соседа, открывавшего всклокоченные мутные глаза и мрачно произносившего: «...Самое мерзкое, что можно увидеть... в это утро... это твою безупречную... твою офицерскую... твою заправленную постель...»).

Но гордиться мне приходилось недолго: все, кто выходил в коридор нашего летящего состава в любое время ночи, обнаруживали Дмитрия Быкова, вновь первозданно трезвого и невозмутимо набирающего на маленьком ноутбуке новую нетленку. В промежутках между написанием нетленок Быков украсил вагонную стенгазету блестящими четверостишиями, приводить которые, впрочем, я здесь не рискну: цензуру, знаете ли, никто не отменял.

...Утром писатели все время хотели спать, но не подавали вида.

Прибыв в Иркутск, мы отправились на Байкал и увидели его. Наши сердца не разорвались от легкого и не столь обильного, как кажется, алкоголя, и поэтому некоторые из нас, например я, тут же умерли от счастья. Байкал — чудесное чудо чудное. В противовес любой неземной красоте, Байкал — красота самая что ни на есть земная, оттого еще более невозможная.

За обедом наше настроение немного выправили, сообщив в порядке тоста, что «...вы не первые русские писатели, приехавшие сюда. Здесь был по дороге в ссылку Радищев. Здесь был по дороге в ссылку Короленко...». И далее по списку, не говоря уже о декабристах, среди которых, напомню, было более двадцати поэтов.

Но и это не сломило нашей писательской и поэтической воли к счастию и к радости.

Дни длились почти бесконечно, в Иркутске я успел провести несколько встреч в книжных магазинах, на последней привычно заметив несколько оперативников в штатском. Мы приближались к регионам, где проходили местные выборы, интерес к писательскому десанту повышался с каждым километром: неизвестно еще, чего ждать от этих, знаете ли, писателей.

В Улан-Удэ душевные потрясения пошли одно за другим.

Нас встретил глава местной писательской организации — большой и красивый человек в национальной одежде. Он прочел буддистскую молитву и водкой из свежеоткрытой бутылки окрестил пространства, чтоб эти пространства нас ничем не обидели.

И все сбылось.

Буддистский оберег был усилен двумя шарфами — белым и голубым, которые обязаны были по замыслу дарителей принести нам мир и достаток; и, будем надеяться, принесут. Я вот довез шарфы до дома и украсил ими свое рабочее место. Теперь жду, затаившись, мира и достатка.

В небольшом поселке под Улан-Удэ пережил я, пожалуй, самые чистые и пронзительные ощущения за все время поездки. Я попал в детский реабилитационный центр; их всего два в регионе. Несмотря на то что у меня самого трое детей — о литературе я с ними никогда не говорю. Но, право слово, мне не было сложно среди детей в этом центре. Потому что детям никакие мои разговоры вообще оказались не нужны. Мы немножко пообщались, а потом только и делали, что смотрели друг на друга, улыбались и пели песни.

— Вы правда так любите детей? — спросил меня потом один малыш.

Ну что я мог ответить.

Люблю. Но что моя залетная любовь к малышам, от самого вида которых мое сердце пело и плакало, в сравнении с любовью людей, работающих здесь: сердечнее женщин я в России не встречал.

Из реабилитационного центра мы отправились в деревню староверов, пришедших сюда в незапамятные времена, — в Сибири староверов называют «семейскими», потому что шли они в раскол целыми семьями. И дошли далеко не все сквозь холодные эти просторы — но детей не бросали в любой горести.

А сейчас вот бросают: иначе не было бы в сибирских краях никаких реабилитационных центров, куда попадают чада спившихся и опустившихся...

В одном из семейских поселков, куда мы заехали, местный батюшка собрал уникальный музей, с экспонатами такими, какие ни в одном другом месте не встретишь: восхитительные вышивки, невиданная утварь, дорогущие, из трех разных зверей, шубы, монеты, книги — редкости, каждой из которых многие и многие годы; да, забыл, что музей начинается с остатков доисторических животных.

Не знаю, где отыскал батюшка динозавров и мамонтов, а все иные экспонаты обнаружил он, как сам признался, на помойке. Выбрасывает местный люд те вещи, которые пережили не одно поколение, а цены тем вещам — нет; зато тащат в дом нынешний хлам, который едва ли прослужит десятилетие.

Вернулся я в Улан-Удэ расчувствовавшийся донельзя. Велико же было мое удивление, когда всякий из моих коллег возвращался из похода с той же печатью необыкновенного душевного вдохновения на лице. Каждому казалось, что именно он столкнулся с той самой сибирскою душевностью, выше которой нет. Но я-то знал, что это не они столкнулись, а я.

Чита оказалась самым печальным городом на нашем пути.

Бездарные дороги, падшие заборы, дома, забывшие самое слово «ремонт».

И как раз там особенно бурно шли выборы, и весь город был украшен всевозможными бодрыми и кристально честными лицами, которые еще на Черноземье успели надоесть.

Именно в Чите я обнаружил, что моя программа выступлений волшебным образом изменена, причем самочинным, ни с кем не согласованным желанием местных властей. Взамен выступления в центральных библиотеках и учебных заведениях меня, видимо, как политически неблагонадежного, вывезли далеко за город, к подросткам-школьникам, которые представления не имели, кто я такой и зачем я им понадобился тут.

Принимающая сторона в том поселке была оповещена о моем приезде всего за пару дней. Но они постарались, сделав почти невозможное, — с их-то возможностями; и я им очень благодарен. Чего не скажу о местных чиновниках.

Нечто подобное происходило и с Дмитрием Быковым, который выступал, правда, в центральной библиотеке и ежеминутно выслушивал комментарии главного библиотекаря: «Ну, мы ведь не будем говорить о политике?», «Надеюсь, вы приехали не для того, чтобы говорить о политике?», «Политика — не самая важная тема сегодня, не правда ли?».

В конце концов Дмитрий Львович, бесконечно перебиваемый, мягко поинтересовался: «Стихи мы тоже будем читать дуэтом?»

Но даже этот, прямо скажем, казус уже не мог испортить нашего возвышенного настроения.

Вечером я спустился в кафе той гостиницы, где коротали мы последнюю ночь, бессонные, бурные.

В кафе сидели литераторы, прилетевшие к нам на смену. Литературовед Дмитрий Бак, внимательный и улыбчивый. Поэт Игорь Иртеньев, красивый и спокойный. Андрей Геласимов, с казачьей кровью и европейскими манерами. Внешне невозмутимый, как разведчик большой литературы, Борис Евсеев. Живой классик Андрей Дмитриев. Мое дружище Алексей Варламов, со светящимися глазами.

Мы обнялись — с кем были знакомы близко, и поздоровались — с теми, с кем не стоило быть запанибрата с первого шага.

Немного поговорили о том, как все у нас было. Ну как, как. «Да так как-то все, брат Пушкин».

Тут в кафе вошел один из самых видных литераторов нашей команды; ему было сложно, но он держался безупречно.

Те, что шли на четвертый, заключительный этап, рванулись было приветственно к нему — пожать руки, прикоснуться могучими лбами... но литератор нашей команды почти демонстративно сел за другой столик, хмурой спиной повернувшись.

Четвертый этап осел, удивленно.

Здесь зашел еще один литератор, живший в соседнем со мной купе, и к нему тоже метнулись взоры, потянулись руки... но и в этот раз, едва сделав ручкой издалека, литератор нашей команды уселся в свой дальний угол.

На другое утро я, смеясь, рассказывал эту сцену Леониду Абрамовичу Юзефовичу, и он тоже немного посмеялся, иронизируя сразу надо всеми:

— Ну а что они хотели? — риторически спрашивал он, имея в виду литераторов «четвертого этапа». — Мы-то уже дембеля, пол-России оставили за спиной... А они!

Тут я вспомнил, как реагировал на нас предыдущий, второй этап, и все понял. Юзефович оказался, как всегда, прав, несмотря на то что он шутил.

Четвертая команда, как я позже узнал, благополучно добралась до Владивостока, и там «Литературный экспресс» свой поход завершил. Уверен, что им все понравилось.

Правда, финальный дембельский выход уже некому было продемонстрировать — их никто не сменял.

Также в путешествии, на разных его этапах, принимали участие отличный поэт Максим Амелин, мой товарищ, прозаик Ильдар Абузяров, прекрасный детский поэт, чьи книги читают мои дети, Артур Гиваргизов, автор бестселлера «Метро 2033» Дмитрий Глуховский, именитый фантаст Василий Головачев, автор остросюжетных романов Полина Дашкова, всем известный телерадиоведущий и автор «Русской красавицы» Виктор Ерофеев, другой живой классик и другой Попов — Валерий и еще несколько литераторов.

Про их приключения мне ничего не известно. Но я точно знаю, что на сегодняшний момент все они в здравии, что, собственно, радует.

ТО, ЧТО У МЕНЯ ВНУТРИ

Песни о любви

Вот я, к примеру, в США где-нибудь на юге живу. Отчего бы мне там не жить, вполне себе возможно.

Там огромные негритянские женщины на огромных джипах.

Там все тебе улыбаются, там по улицам можно ходить босиком. Идешь босиком — и полицейский приветствует тебя нежнейшей улыбкой, разве может быть такое в России?

Еще там бывают такие деревни — как из старого американского кино, где разморенные янки неспешно пьют пиво в ожидании драки, и уставший бармен за ржавой кассой считает сдачу, и тут подъезжает длинное старое авто.

Это я приехал. Сейчас меня побьют, наверное.

Впрочем, я могу жить в Нью-Йорке, там вообще меня никто не заметит, там очень много людей: помню, как я завороженно передвигался из китайского квартала в итальянский и затем в, так сказать, русский квартал заходил, и дальше, и еще дальше...

Я вступлю там в сотню разных сообществ, кружков и групп, против рака там, за голубых, против голубых, за рак, у меня будет много разных друзей. Я все время буду с ними совершать марши по улицам — бежать через весь Нью-Йорк, с номерком на спине; я видел в Нью-Йорке такое, там семь тысяч человек бежали через весь город в качестве протеста против слабоумия их друзей. У всех были номерки на спинах. За право пробежать через весь Нью-Йорк они сдали по 50 долларов.

Мне бы очень понравилось в Нью-Йорке. Но я крутанул глобус и выпал в Дели, я однажды жил там, и в первое же утро, едва из самолета, пересек небольшую часть Индии по дороге в Тадж-Махал.

Тадж-Махал оказался вовсе не чудом света, а огромной фаянсовой раковиной, только с покойником внутри.

Зато как восхитительна была поездка по Индии! По дороге я увидел несколько миллионов людей. Плотность населения на индийских улицах — как в московском или парижском метро в час пик.

Люди сначала спали вдоль дорог, потому что мы выехали в пять утра. Затем они встали и все одновременно пошли в разные стороны, а также поехали на велосипедах, мопедах и каких-то немыслимых тарантайках. Все они бибикали друг другу, пересекали шоссе в вольной последовательности, подрезали джипы и скоростные автобусы; кроме того, иногда на дороге встречались верблюды, только слонов не было, но говорят, что и слоны там есть. Я также видел много коров, но на них никто не ездил. Мне сказали, что если я выйду из автобуса и убью индийца, то за тысячу долларов я откуплюсь прямо в полиции, но если я убью корову, меня самого разорвут на части в течение минуты возле мертвой говядины, и никто не вступится. Я не поверил, но пробовать не стал. Мой дед, однако, убил несколько десятков коров за свою жизнь (и ни одного индийца, кстати, только европейцев), и я очень надеюсь, что он не попадет к индийским богам.

Вдоль индийской дороги стояли постройки столь чудовищные и страшные, что никакой Радищев по дороге из Петербурга в Москву с заездом в Сибирь подобного не увидел бы и в страшном сне. Я понял, откуда янки взяли свои города будущего: с крысами, кострами, джипами и верблюдами одновременно. В Азии увидели, футуристы фиговы.

В индийских домах и у домов, когда мы возвращались ночью домой, чадили костры, в кострах жарилось несусветное мясо, издававшее такой редкий запах, что от него хотелось немедля спрятать голову в целлофановый пакет.

Но зато все несколько сотен тысяч индийцев, лица которых я успел разглядеть в течение поездки, были настроены благодушно и нежно. И дети их, вывалянные в пыли, улыбались белым туристам. И на дороге, черт возьми, не было ни одной аварии, что казалось совсем фантастическим.

И я вдруг представил, как я живу тут, в двухстах, к примеру, километрах от Дели, снимаю себе целый этаж в одной из немыслимых полуразвалившихся построек, потому что стоит все это роскошество долларов семь в месяц, — и вот я уже привык к этому мясу, и проник в душу этого народа (вернее, множества народов), и обжился там, а чего бы и нет. Да и женщины у них красивые, если их увидишь случайно и они умыты. Гораздо красивее, к примеру, американок, которые действительно редко весят меньше 120 кг, простите за это общее место, но я правда искал — в смысле искал глазами тонких американок.

Впрочем, там настолько огромные порции, в этой Америке, что я вскоре тоже стал бы огромным и американки казались бы мне стройными, гораздо стройнее меня.

...Нет, они все равно там подозрительно много жрут.

Хотя что это я, я же в Индии, и индийские дети неустанно попрошайничают у меня, и я даже научусь их прогонять — потому что до сих пор, пока я жил в Дели, у меня так и не выработалась необходимая для этого свирепость лица.

Или все-таки вернуться в Европу? А то еще заражусь нелепой заразой и погибну в несколько дней в далекой Азии, кромешной и галдящей.

В Европе я тоже как-то был, заходил туда, разглядывал, трогал руками, прислонялся. Финляндию покидаем сразу, там хорошо, но медленно и холодно. Мне крайне понравилось, что на островке возле Хельсинки стоит мемориальная доска в честь финского военачальника, который сдал крепость и гарнизон русским войскам. Я бы часто приходил к этой доске с бутылкой водки, чокался бы с ней.

А потом все-таки переехал бы в Польшу.

О моя ночная Варшава, я гулял по тебе. Варшава в мой приезд была пустынна и темна. Все юные поляки уехали в Германию на заработки, страна в кризисе.

Помнится, я заходил в ночные кафе и рестораны, и нигде не было посетителей. Представляете, заходите в московское кафе, где-нибудь в самом что ни на есть центре, в 12 часов ночи — а там никого. В другое — там опять никого. В третье — там тапер играет, не всегда попадая в клавиши, херовый тапер. И тоже никого. Или кто-нибудь один, с печальным польским лицом, сидит и мечтает ударить тапера табуреткой по затылку.

Редкие поляки, не заходя в кафе, требовали чуть ли не с улицы меню и, едва заглянув в него, спешно убегали. А я посмотрел, и что — нормальное меню. Вполне обычное. Мы там перепробовали половину спиртных напитков, и всякие мяса, и супы, хорошая кухня... но в Индии лучше. Если в Индии пойдешь в ресторан — там можно умереть либо от счастья, либо от чего-то вроде изжоги, потому что там все жутко перченое. Но я острое люблю, я умер от счастья. Зря я все-таки уехал оттуда в Варшаву.

А потом еще в Берлин. А потом в Рим. А потом в Мадрид.

И везде было радостно, родственно, редкостно хорошо.

Но, как всякий русский безумец, влюбился я лишь в один город, да, поручик Ржевский, вы правы, это город Париж, лучшее место на земле. Я был там уже несколько раз и во всякий свой приезд снова, совершенно первозданно, очаровывался им, моим Парижем.

Все русские так говорят — «мой Париж».

Представляете себе Париж, который скажет: «О этот мой русский!»

Париж не любил ни одного русского, хотя иногда подставлял булыжную щеку для поцелуя. Мне хочется верить, что это была хотя бы щека, когда я его целовал.

Ну и что, равнодушный Париж — говорил я, в пьяном виде пересекая город, — ужо тебе! Ужо!

Я видел во тьме собор Парижской Богоматери — и наконец-то он стал похож на себя. Днем — вовсе не то, я часто видел его днем: никакой это не собор. Зато ночью — все его чудовища воистину стали чудовищны, а его высота — вынырнула ввысь черной томительной глубиной, в которую можно и страшно обвалиться.

О, я сбежал от собора в ужасе и, запыхавшись, взошел на мост, и там играли на скрипке, играли на гитаре, а лиц я уже не разбирал во тьме ночной.

— Дайте мне гитару, — сказал я. — Гив ми гитар.

Они подали мне инструмент, и я запел песню: «Она не вышла замуж за хромого араба!»

Потом я вернул инструмент и открыл глаза, я всегда закрываю их, когда пою, — ну как Гребенщиков, вот так. Открыл и увидел наконец, что вокруг стоят одни арабы, много.

— О чем эта песня? — спросили они, в смысле, мол, зис сонг — эбаут что?

Я сказал, что это русская песня про любовь, и они согласились.

Потом я потерял дорогу домой и захотел пива, у меня эти два процесса связаны напрямую. Наконец я нашел ночное кафе и взошел туда. Оно было без столиков — но со стойками, там стояли несколько десятков людей, все странно высокие, и негры.

Я вспомнил одну русскую кинокартину, где «снежок» входит в черный бар и все замолкают и смотрят на белого полудурка.

Так все, между прочим, и было.

Я на секунду замешкался при входе, но, взбодрив себя произнесенной вслух фразой: «Русские поэты не сдаются!», прошел к барной стойке и потребовал пива.

И ничего, знаете ли, не случилось. Потому что это Париж, а не Гарлем какой-нибудь. Впрочем, в Гарлеме я не был, может, там тоже Париж.

И весь мир, понял я давно, и азиатский, и европейский, и американский, и латиноамериканский, и африканский, где я еще не был, — везде он с легкостью раскрывается тебе навстречу, и в нем можно на время ужиться и испытать все, что положено испытать, — великие открытия в человеческих душах, пульсации чужих культур, муку изгнания.

Но, вы знаете, я не хочу.

Русские, пожалуй, удивительно нелюбопытны.

Я, правда, не знаю, насколько нелюбопытны все остальные, но я точно нелюбопытен в замечательно высокой степени.

Мне давно уже разонравилось путешествовать, потому что люди мне интереснее географии, и в основном эти люди — русские.

Я вообще не люблю посещать разные места, но, напротив, мне нравится возвращаться все время в одно и то же место и сидеть там часами. Не скажу, в какое, а то вдруг вы тоже туда придете. Я там один люблю сидеть. Еще любимую туда привозил, сына и друга. Там хорошо, и больше никого не надо.

В этом месте своего текста я могу сказать, что Богу все равно, где находится человек, но я совру, потому что про Бога ничего не знаю, а мне как раз не все равно, где я расположился.

Да, я ничего не знаю о Родине, как не знаю ничего о том, как выглядит мое сердце, действительно ли оно бьется, где у меня печень и неужели я состою из костей.

Но я предполагаю, что все именно так. И в чужой скелет я не врасту никогда.

На этом мои размышления о Родине завершаются. Меня вообще любые размышления о своем организме раздражают. Какое мне дело до того, что у меня внутри.

ПОДНИМИТЕ МНЕ ВЕКИ, НО СНАЧАЛА ПРИНЕСИТЕ ГЛАЗА

Однажды мне посчастливилось общаться с крупным кремлевским чиновником, и ему пришлось ответить на мой тривиальный вопрос о низких доходах россиян. Чиновник посчитал мои претензии малообоснованными. «У нас зарплата растет на 10–12% в год, такого роста нигде в Европе нет», — сказал он уверенно и жестко.

Ну, думаю, влип я. Какую ерунду спросил.

Вернулся домой, рассказываю знакомому, он отвечает: «И что?»

«Что?» — спрашиваю.

«Инфляция в этом году составит в лучшем случае 8%...»

«Точно, я и забыл», — говорю.

«Подожди, — обрывает он. — Я еще не закончил. Ты знаешь, сколько нянечка получает в детском саду, куда ты своих ребят отводишь? А мужики в твоей родной деревне? Можешь сосчитать, сколько составит 10% в год от их зарплаты? Пятьсот рублей в лучшем случае. Минус инфляция... За год! Хочешь быть через год на пятьсот рублей богаче? А через два — на тысячу? Привет своему кремлевскому жителю передавай в другой раз».

Но как все-таки действует магия цифр. 10–12 процентов! Быстрее, чем в Европе!

А сосчитать может любой школьник.

Включил я недавно телевизор и угодил, к несчастью, прямо на центральный канал, не успев привычно сбежать оттуда (случайно выпала батарейка из дистанционки). Тут и пришлось мне послушать отчет ведущего новостной программы о зарплатах по России.

С лукавой печалью ведущий признавался, что доходы в Москве, безусловно, превышают доходы по стране. Среднероссийская зарплата составляет от московской... я цифру, признаться, забыл — ну, 53, к примеру, процента. Или около того. С умыслом не лезу в Сеть, чтоб уточнить данные — оттого, что они не имеют никакого отношения к реальности. То есть никакого вообще. Знаете, как в том анекдоте: «Ты не помнишь телефон Иванова? Нет? Ну хотя бы примерно?»

Наша статистика — это примерный номер телефона. Звонить по нему можно, но смысла в этом ноль. Какая, к черту, среднероссийская зарплата? Чем ее высчитывают? Сколько людей нужно прибавить к Абрамовичу, чтобы среднемесячная зарплата была хотя бы пятьдесят тысяч рублей? Или у Абрамовича вообще нет зарплаты?

До сих пор никто толком не разобрался в структуре доходов и расходов современного русского человека. Это решето с цифрами, которым потрясывают пред нами социологи, неизменно хочется вывалить им на голову — пусть у них эти нули и проценты висят на ушах.

Крайне независимые источники сообщают, что половина предприятий столицы выплачивают зарплату в конвертах. Как они об этом узнали? Я отчего-то думаю, что все частные предприятия поголовно уходят от налогов. Включая бухгалтерии администраций любого уровня, которые вроде бы и не являются частными предприятиями.

Социологи пугают то одной, то второй жуткой цифрой о том, что треть (четверть, половина, две трети) россиян живет за гранью прожиточного минимума. Но я опять отчего-то не понимаю, о чем речь: в России и на прожиточный минимум не проживешь, если исправно платить за коммунальные услуги, проезд в автотранспорте и продукты в магазине.

К примеру, я могу с цифрами на руках доказать, что, согласно реальным, государственным представлениям о среднестатистических доходах россиян, человек, отягощенный многодетным семейством, прожить в России не в состоянии; он должен пойти и утопиться, получив в очередной раз какое-нибудь детское (очень верное определение!) пособие. Посадить бы на детское питание тех, кто придумал эти пособия.

Но ведь живут как-то люди, даже плодятся понемножку. Революцию до сих пор не устроили, сколько я их ни просил. Я сам живу, в конце концов, и никогда никому не скажу как. А то ко мне опять придут с финансовой и хозяйственной проверкой люди в форме, которые, к слову, и сами ни за что не признаются, каким образом они не вымерли со своими ничтожными зарплатами.

Певец Розенбаум поделился как-то наблюдением, что все жалуются на бедность, а зайдешь в продуктовый магазин, где нет товаров дешевле двухсот долларов, и там очереди огромные, и все стоянки автомобилями уставлены, автору-исполнителю негде припарковаться. Я сам бываю в таких магазинах и очередям тоже удивляюсь, но все-таки в качестве общественной нагрузки я мог бы организовать Розенбауму хоть на месяц, хоть на год экскурсии по тем квартирам, где вся мебель, одежда и продукты в холодильнике в совокупности не стоят двухсот долларов. И даже отец подобного семейства, проданный на органы, такого дохода бы не принес.

Но ведь и те цифры, что приводят в своих публикациях критики власти «левого» толка, так же хромают на обе ноги, как и наблюдения Александра свет Яковлевича, у которого за его несусветный сытый снобизм отобрали понемногу дивный песенный дар.

«Левые» наблюдатели бесконечно бряцают, к примеру, данными о миллионах бомжей и беспризорных; но я тоже работал в органах и прекрасно знаю, что все эти армии униженных и оскорбленных — полумифические.

Безусловно, укуренных, ненавязчиво пахнущих дымом, бесполых детей и пропойных, навязчиво пахнущих всеми помоями Руси, бесполых взрослых не было и в помине еще лет тридцать назад. Сегодня же они уже составляют маленькую нацию, со своими обычаями и законами.

Но эта нация не прирастает и не отмирает, она достигла своего предела и отныне живет почти в параллельном мире. Мне даже кажется иногда, что весной одна часть этой нации улетает куда-нибудь на землю Санникова, откуда на тяжелых, пахнущих старым диваном крыльях прилетает другая стая. И этот оборот отторгнутых обществом существ уже не касается ни демографической, ни социальной ситуации в России.

Разговоры «левых» о несчетных миллионах все новых и новых несчастных напоминают разговоры «правых» о бесчисленных миллионах сталинских жертв. Равно как Сталин, согласно выступлениям актера Басилашвили и режиссера Захарова, в краткие сроки убил поголовно все мужское население СССР, так и нынешняя власть, следуя заветам Ельцина, оставила всех детей страны без призора, девушек на панели, а юношей в наркопритоне или тубдиспансере.

Но я вижу детей в детских садах, а юношей и девушек — в университетах!

Чувство, которое я испытываю сейчас, впервые настигло генсека Андропова, когда он, воздев страдальческие глаза к небу, воскликнул: «Мы не знаем страны, в которой живем!»

Уж у него-то однозначно был доступ ко всем секретным документам, тайным справкам и закрытым докладам. И Союз Советских Социалистических являлся, признаем, куда более прозрачной страной, со вполне внятной экономикой — по сравнению с нынешним нашим местом обитания.

Но генсек все равно не знал ничего, не ведал ни о чем, не мог разобраться никак и пугался, пугался, пугался этого.

Потом, порвав черные пуповины, прибрели в кремлевские палаты новые обитатели, уверенные в своих знаниях, и все вообще осыпалось.

Чего же я теперь хочу от уставших кремлевских жителей, какого ответа? — когда ответа нет ни у кого! Им положили на стол справку, что доходы растут быстрее, чем в Европе, — они запомнили и мне пересказали слово в слово.

А что нужно мне от Розенбаума, у которого тоже, может быть, душа болит, но он приехал в торговый центр — и душа как-то успокоилась, не век же ей саднить.

И какого мне надобно от «левых» критиков, если увидеть бомжа можно в любом дворе, а беспризорника — на всяком вокзале: как тут не покажется, что их много, несусветно много...

Мы никак не можем определиться ни с будущим, ни с настоящим, ни с прошлым. До сих пор спорим до хрипоты, бедно мы или богато жили в Советском Союзе, — как будто нет важнее вопроса.

Мой помянутый выше знакомый высказался недавно и о советском достатке.

Вот-де все вспоминают в качестве доказательства ничтожества той жизни, как люди ездили из черноземной, деревенской глубинки в Москву за продуктами и возвращались увешанные сосисками и колбасами.

«Можешь представить себе, — спросил знакомый, — нынешнего бюджетника, который с двумя пересадками, на фирменном поезде отправляется в Москву, покупает там пятьдесят килограммов сосисок, четыре круга сыра, двести банок консервов и весело катит домой?»

И я сразу вспомнил, что именно так делали мои родители, когда жили мы в рязанской деревне.

Нет нынче такого бюджетника в городе! Нету у него бюджетов таких. И тем более нет его в деревне, где вся зарплата равна в самом лучшем случае стоимости одного сырного круга.

Мне ответят, что сейчас и ездить никуда не надо, а сыр в деревнях все-таки едят, и опять будут правы.

В итоге мы так и не знаем, чем замерить наш быт, обширность наших запасов, калорийность подкожных жиров, предсказуемость нашей судьбы, продолжительность нашего счастья.

Ни зрение не подходит нам для того, ни слух. Ни телевидение не спасает, ни газета. Ни президент не помогает, ни его оппоненты. Ни радетели России, рваную душу намотавшие на кулак, не вразумляют, ни предатели ее, о душе которых мне вообще ничего не известно.

Я не понимаю, что такое социальное расслоение и где именно оно проходит, по какой такой ватерлинии. Скажем, для жителя деревни с обычным доходом в две тысячи зарплата в десять тысяч деревянных является запредельной. И для него расслоение наступает сразу после пяти тысяч.

А для иного горожанина и пятьдесят тысяч — действительно малые деньги, посему его социальное расслоение наступает после пятисот тысяч.

А людей, чей семейный доход составляет пятьсот тысяч, отделяют от имеющих доходы в пятьсот миллионов новые, жуткие галактики.

Но и это еще не все, потому что пятьсот миллионов рублей дохода и пятьсот миллионов долларов дохода — это такое долгое путешествие от одного социального класса к другому, что можно заблудиться в пути.

И как же нас всех сосчитали, объединили и расслоили?

Нету меры такой, чтобы вычислить нашу бедность, нету весов, чтобы измерить наше богатство.

Я до сих пор не разобрался, богато или бедно живут соседи в моем подъезде. Более того, я не понимаю, богато или бедно живут работники, которым я плачу зарплату. И, Боже ты мой, я не знаю, богато или бедно живу я сам!..

И если все мы сегодня едим масло и не собираемся умирать с голоду, кто объяснит мне, что защитит нас завтра, когда масла не окажется на хлебе, а хлеба — на столе?

Принесите нам зеркало, где мы рассмотрим себя.

Но сначала подарите мне глаза, потому что этими я ничего не вижу.

МЕЩАНСТВО ПРИЯТНОЕ И ПОСЛЕДОВАТЕЛЬНОЕ

О внутренней канарейке

Лелею свое тихое мещанство.

Какое замечательное занятие: заявиться огромной семьей, с детьми, путающимися под ногами, в многоэтажный центр, где торгуют всем на свете. И бродить там, закупая нужное и ненужное, восклицать, целоваться, тратить, не считая, глупые и легкие деньги.

Вывалиться потом на улицу, пересчитывая детей, пакеты, свертки и коробки, усесться в большую машину, включить в ней разом печку и музыку и двинуть, спустя три минуты, домой, пока ближние твои, не в силах сдержаться, вскрывают подарки, чтоб смотреть на них восхищенно и касаться их трепетно.

А у дома нас ждет собака, и лает она так, что дрожат стекла, и пасть ее жарка и розова. Собаке радостно, она умеет смеяться, она смеется нашему приходу, и дети мои летят кувырком через нее.

В моем доме тяжелые замки. В моем доме красивые двери. В моем доме пышные кресла, к тому же на них можно качаться. В моем доме пять тысяч книг. Люстра. Бар. Я больше не бегаю за бутылкой вина и за банкой пива в ближайший ларек, у меня все есть, и поэтому я прекрасно надираюсь каждый вечер, разнообразно смешивая всевозможные напитки и безуспешно пытаясь немного напоить жену.

Но сегодня мы еще посетим кафе, мы просто обожаем посещать кафе.

Я люблю это очарованное затишье всего семейства, которое вглядывается в кипу разнообразных (взрослое, детское, винное) меню, принесенных услужливой официанткой к нам на стол. И лишь младшая дочка, не умеющая читать, сползает со стула и топ-топ, уходит к аквариуму смотреть рыбок, о чем, собственно, и сообщает: «Ыбок мотеть, — и, после паузы. — Пойду, — и еще после паузы, — Ыбок». Понял, понял, иди.

Потом средний мой молча, никого не предупредив, убегает смотреть фонтан.

Но ничего, сейчас им принесут блинцы, все в масле и в сгущенном молоке, или сырный супчик, или разноцветный салатик, и они сбегутся обратно, на мамин зов и вкусные ароматы.

Знаете, как маленькие дети забираются на высокие стулья в кафе? Привстав на цыпочки, они ложатся на них животом и потом брыкают во все стороны маленькими ножками. Спустя минуту из-за стола появляется маленькая, довольная рожица, и я снова понимаю, что меня с какого-то переполоха угораздило родиться счастливым человеком.

О, мое любезное мещанство. Ты обитель моя, ты дворянство мое, ты любезно мне и радостно.

Пусть я все придумал, что написал выше, — разве это важно, если я так стремлюсь туда, к смеющейся собаке, люстре и сырному супчику. Приветствую последовательное, принципиальное, обдуманное мещанство. Приветствую и призываю на свою голову.

К несчастью, подобное мещанство встречается весьма редко. Куда больше мещан непоследовательных, беспринципных и неумных.

Нормальный мещанин бережет свой прекрасный уголок с канарейкой, у него замечательно развито чувство собственности, он неустанно заботится о себе и своих близких, называя их пошлыми ласкательными именами, к примеру, как это делаю я.

И если он чувствует опасность, грозящую ему и его канарейке, он немедленно берет лом, кол, дрын и сносит любой напасти наглую башку. Пой, моя канареечка, никто тебя не тронет.

Если власть смеет унизить мещанина или его родителя, то мещанин садится в машину, приезжает к власти в кабинет, берет ее за розову щеку и спрашивает: «Ты что, гнида?»

Если государство последовательно выстраивает такой порядок вещей, благодаря которому розовопятые отпрыски мещанина могут впоследствии превратиться в нищих или в убитых в ходе войны одних нищих с другими, — мещанин неизбежно становится извержением вулкана. Сначала внутри него все клокочет, а потом бешенство мещанина выплескивается и принимает патологические формы и размеры.

И все лишь потому, что он — последовательный, принципиальный и мыслящий мещанин. Исключительно в силу этого.

Приснись мне, мещанин. Я еще помню тебя: как ты бурлил на площадях, это ведь был ты, а кто же еще. Пел хриплые песни возле Белого дома, кормил солдат колбасой, завалил чугунного Дзержинского, спас Зяму Гердта от черносотенцев.

Приснись мне, ведь солдаты снова хотят колбасы, Дзержинский снова на пьедестале, а всякий Зема в сильной опасности. Пусть я не разделяю твоих взглядов, пусть они мне кажутся дурными, но я готов уважать тебя за последовательность. Где она?

Непоследовательный мещанин — никакой не мещанин. Нет ему имени, одни позорные прозвища.

Не хочешь быть последовательным — не надо, я теперь буду мещанином. Это я горожанин низшего разряда, не купец, не стрелец, но подлежащий солдатству, развеселый посадский, с женой-мещаночкой и детками-мещенятками.

Горло перегрызу за мою мещанку и малых мещенят. Как же прожить нам, настоящим мещанам, сладостно и радостно, если мы со своим счастьем поперечны на своей земле? Если нужно мне, незлобивому посадскому человеку, оступиться один раз, потерять свой рубль и не найти второй — и мое государство проедет по мне, не сжалобится ни на мгновение. Нет, не хочу такого порядка, хочу иного.

Кто-то еще должен заботиться о моем счастье, кроме меня самого.

Если буйные да вольные придут под стены города — первый открою им ворота, мы всегда так делали.

ГОСУДАРСТВО ГОВОРИТ МНЕ «ТЫ»

Сначала я хотел начать так: «В уездном городе N...»

Потом думаю: какой, к черту, уездный город? Если так написать, они даже не заметят, что о них говорят.

Ни в каком не в городе N все было, а в самом натуральном Дзержинске, где я прописан, хотя живу давно в других местах.

За последние годы мне трижды пришлось навещать этот город, причем одно и то же место — управление ГИБДД: документы на авто приходится оформлять по месту прописки, и никуда от этого не деться.

Вам знакомо это мучительное чувство потерянного времени: когда понимаешь, что у тебя забрали целый день жизни, скомкали и выбросили под ноги? Наверняка знакомо. Именно за этим чувством я и езжу в Дзержинск. Осадок потом остается даже не на дни, а на годы: почему нас так унижают, за что?

За что, за что... Причина, на первый взгляд, поверхностна: не могу же я на машине ездить без документов. В итоге один раз я ставил машину на учет, второй раз — снимал ее, в третий заезд — получал новый техпаспорт.

Сценарий, по которому все происходило, всегда был примерно одинаков.

Приезжаешь с самого утра, там такая заасфальтированная площадка у ГИБДД, и на ней стоят машины со вскрытыми капотами, а возле машин перетаптываются и бесконечно курят нервные водители. Ждут офицера ГИБДД, который подойдет, проведет осмотр и черкнет подпись в бланке. Бланк нужно предварительно заполнить.

Приехал и я, и в очередной раз удивился, что офицер работает всего один и очередь еле движется. Стоят смурные мужики, ждут, ждут, ждут, а на улице холодно, но машины никто не заводит и даже не садится в них — каждый опасается, что офицер возьмет и стремительно пройдет мимо, к другой машине, и придется снова его целый круг ждать.

«Мы очень терпеливы», — решил я, оглядывая всех собравшихся.

«Мы очень терпеливы — это раз, — решил я. — И все очень боимся начальства».

Липкое, томительное и гадкое чувство подобострастия все время наползало на меня, и я, признаюсь, еще задолго до осмотра внутренне приказывал себе не волноваться, не дергаться и обязательно убрать заискивающую улыбку с лица в ту минуту, когда офицер подойдет ко мне. Потому что я проходил уже на этой своей машине осмотр, у этого же офицера, год назад, у меня все оказалось в порядке, и переживать было совершенно не о чем. Но организм не слушался! Организм то нервно подхихикивал, то покрывался гусиной кожей отвращения к самому себе.

И всякий мужик, стоявший со мной в одной очереди, — он был похож на меня, и он сплошь и рядом не умел сдержать себя, и суетливо бегал вокруг офицера, едва тот подходил, и заглядывал ему в лицо, и заискивал.

Впрочем, возможности проявить свою суетливую натуру тоже нужно было дождаться. Ровно в 12 часов, чуть-чуть не дойдя до моей машины, офицер объявил, что у него обед, и тут же исчез.

Мужики посмотрели друг на друга и достали по новой сигарете. А что делать: будем дальше смирно ждать.

За неимением других занятий мне пришлось внимательно рассмотреть те несколько десятков машин, что стояли на площадке. Сделав пешком неспешный круг по площадке, я в который раз с удивлением обнаружил, что ни одной дорогой машины в очереди не стояло. То есть моя была самая дорогая — хотя она не такая уж дорогая сама по себе.

Я вспомнил, что и в прошлый свой приезд, и в позапрошлый я заметил то же самое. Сравнение машин, разъезжающих по городу, — две трети которых точно иномарки — с машинами, проходящими осмотр, навевало грустные и простые мысли. Вот они: обладатели богатых автомобилей, богатые автолюбители не ездят проходить осмотры. Они никогда не стоят в очереди, не томятся, не мерзнут. Их дела решаются как-то без их участия, и я даже догадываюсь как.

Всякий раз я собираюсь поступить тем же образом и всякий раз думаю: да ладно, минутное же дело, потрачу два часа, что я — не из народа, что ли...

Ага, из народа. Озябнув, я влез в свою машину и вместе со всем народом думал: а почему бы не пустить на осмотр двух офицеров, и пусть у одного будет обед с двенадцати до часу, а у второго с часу до двух? Почему я тут торчу без дела и без смысла, у меня что, мало забот иных? У меня их огромное количество. Простаивая в очереди, я элементарно теряю в деньгах, я мог бы их заработать за это время, достаточную сумму...

Так я себя развлекал, пока обед не кончился, но пришел офицер только в 13.17, я специально засек; да что я — все это засекли, все сто раз на часы посмотрели за эти семнадцать минут. Но российские служащие всегда уходят обедать минута в минуту, а возвращаются куда менее точно, мы ж знаем, что на часы попусту смотреть.

Несмотря на опоздание, офицера все встретили смиренно и даже отчасти влюбленно: ведь пришел все-таки, мог бы вообще не прийти.

Одна незадача: он опять начал осмотр с самого начала очереди; и лично мне, стоявшему в середине, пришлось снова ждать целый круг. Час или полтора часа, где-то так.

Осмотр моей машины занял минуту или полторы минуты. Опытный офицер, никто не спорит.

И я пошел сдавать документы в здание ГИБДД. Три часа дня всего было, я имел отличные шансы разобраться с проблемой в один день.

Документы сдавали в одно окошечко. У окошечка стояли плечом к плечу несколько десятков суровых, мрачных, уставших мужчин.

Я долго выспрашивал, кто последний, и наконец выяснил. Последний долго не хотел называться, ему явно не нравилось быть последним — ибо очередь была огромна. Мало того, двигалась она еле-еле. Периодически вспыхивали ссоры, едва не доходившие до драки. Казалось, что все находившиеся в помещении презирают свою жизнь, самое себя, всех остальных неудачников помимо себя, милицию и всех, кто в ней работает, гадкую погоду за окном, свой проклятый автомобиль и сорок седьмую за день сигарету на голодный желудок.

«Отчего бы не сделать здесь два окошечка?» — вновь задался я нелепым вопросом.

«Не одно, а два? Никак нельзя?»

Я понимаю, что в ГИБДД нехватка опытных кадров и вообще им трудно. У меня есть сосед, например, он офицер дорожной службы, самый обычный. Он построил себе один дом, двухэтажный, с двухэтажной баней; и тут же начал возводить второй, достроил всего за год (не сам, конечно, он же работает) и теперь продает за десять миллионов рублей. Обычный офицер, на дороге служит.

Я стоял в очереди и вспоминал про этого соседа. Мне казалось, что специально для него стоило бы выдолбить второе окошечко в этом помещении и посадить там его принимать документы.

Еще я вспомнил, что и в прошлый приезд, и в позапрошлый я также стоял в мрачной очереди, и длилось это долго, весь день. И год назад я даже не успел отстоять свою очередь до окончания работы сотрудников в единственном окошечке и был отправлен домой. Уехал в тот город, где я живу, а на другой день вернулся снова и снова стоял в очереди до сумерек.

«Неужели сегодняшний день тоже пройдет совсем впустую?» — подумал я в страхе.

«Сколько нервных клеток растрачено здесь! — еще подумал я. — Тонны! Тонны! Сколько инфарктов приблизилось, а то и случилось в тот же день у замотанных мужиков... Сколько, наконец, бездарных человеко-часов потрачено тут! Ежедневно добрая сотня здоровых мужчин стоит здесь, дымится от злобы и усталости и ничего, вообще ни-че-го не делает. Тупо ждет! Из года в год! А?»

Окошечко периодически закрывалось на минут пятнадцать.

Странное совпадение: за минуту до закрытия у всей очереди на глазах в помещение заходил некий сотрудник ГИБДД, неся в руках бумаги, очень схожие с теми, что были в руках и у меня и у всех остальных. Быть может, нам всем казалось, мнилось и чудилось, но бумаги выглядели как те же самые. Просто к заносимым бумагам не прилагались владельцы этих бумаг, они явно находились где-то совсем в другом месте.

Сумерки загустели; в голове противно и нудно шумело; но за полчаса до закрытия вожделенного окошечка мне удалось сдать документы.

— Фамилия у вас неразборчиво написана, — спокойно сказал офицер, принимающий документы.

— Почерк такой, — сказал я, чтоб хоть что-то ответить.

— Ты сейчас переписывать все будешь, — ответил он мне, неожиданно, как мы видим, перейдя на «ты».

И ничего, я сморгнул, проглотил неприятную слюну, смолчал — и добился-таки своего: мои документы приняли и переписывать не заставили.

Умею! Я умею! Я тоже умею как все!

Неприятно содрогаясь от самого себя, я подождал еще полчаса и получил свой техпаспорт.

— Удачи вам! — приветливо сказал мне офицер, передавая документы.

Что вы думаете, я готов был его поцеловать. Если б у меня был хвост — я, наверное, широко размахивал им, уходя из ГИБДД.

Подумаешь: убил сутки, что ж с того. Сутки ведь, а не двое. Не трое суток. Не неделю, да.

Домой я вернулся поздно ночью, совершенно неживой, и даже спал плохо.

Проснувшись в четыре утра, я попытался вспомнить все случаи моего общения с государством и с его чиновниками. О, это всякий раз было бездарное и безрадостное времяпровождение. Каждая справка давалась как редут. Не только чиновники, но и чиновницы неожиданно переходили на личности и были недовольны самим фактом моего существования, наличием у меня жилплощади, машины, детей, прав, претензий, вопросов, свободного времени.

Государство меня презирает. Государство неизменно говорит мне «ты». Государство ведет себя так, что не дать ему взятку — значит себя не уважать.

Точно говорю.

За сутки я могу написать несколько статей и получить за них несколько тысяч рублей минус налоги. За те же сутки вместо томительного ожидания в очереди я еще успею почитать нужную мне литературу, получить от этого эстетическое удовольствие, а после даже пообщаться с друзьями — причем так, что не истрачу всех заработанных за те же сутки денег. Я успею вернуться домой с сюрпризами для детей и позаниматься с ними домашними заданиями. И вечером мы посидим с женой за чаем, и общение наше будет тихим и милым.

Да, чуть не забыл: я еще успею в течение дня встретиться с нужным человеком и передать ему взятку за ту бумагу, которая воистину делается пятнадцать минут, и сберечь себе завтрашний день. И даже после этого деньги у меня останутся. И я лягу спать спокойным, здоровым, честным человеком.

«СНЯТЬ ЧЕРНУЮ РЖАВЧИНКУ, ВСКРЫТЬ БЕЛУЮ ГРУДОЧКУ...»

Крестьянская война, которая не случилась в старой Руси ни разу

Смешно и грешно говорить об этом, но меня всегда будет мучить одно кромешное желание: побывать в той станице, где родились Степан Разин и Емельян Пугачев. Они ведь родились на одной краюхе земли, с разницей почти в сто лет, два атамана великих разбойных войн. Что за огненный вихрь возникал там, над местом их зачатья?

...Станица имела прозванье Зимовейская...

Я хочу туда больше, чем в любые столицы мира, в жареные южные города и выбеленные северные.

Мне кажется, что, выйдя на донской берег по той земле, по которой ходили они — два буйных бунтаря, угодив ногой им след в след, глотнув зимовейского воздуха, заглянув в ту воду донскую, рассветную или закатную, в которую заглядывали они, я б разгадал, отчего Степан и Емельян были такими, к чему родились, как прожили свою страшную, красивую жизнь.

Не сложится разгадка русского бытия, пока не поймешь, что за бурливая кровь торжественно и злобно пронесла их по пыльным степям, высоким водам, шумным городам и всмятку ударила головами о Лобное место.

Но станица Зимовейская навечно полегла под донскою водой: переустройство мира человеком поглотило ее, как распутинскую Матеру. Нет больше на свете Зимовейской, не увидеть ее.

Где-то там, в непроглядной мути, по вязкому дну бродят черные в темноте и радужные при свете призраки. Никогда не коснуться мне их.

И я печалюсь.

Даже странно, если б люди, носившие такие грозные имена, как Степан Разин и Емельян Пугачев, не устроили бы кровавые свары. Сама судьба их в именах заключена, разве не слышна она?

Да и два иных смутьяна, хоть статью пониже и дурью пожиже, тоже носили славные прозвания: Иван Болотников и Кондратий Булавин.

У русской истории хороший вкус, тонкий слух. При Разине, к примеру, был славный сотоварищ, на первых порах — равный ему, звали — Сергей Кривой. Но не мог Серега Кривой стать предводителем бунта, не мог и все. А у Пугачева — всякий, кто читал великую драму Есенина, знает — был Хлопуша. Славным, бурным, с рваными ноздрями — таким запомнился Хлопуша, но с его прозванием можно было стать лишь забубенным разбойником. А истинную смуту раздуть мог лишь Емельян свет Иванович.

Как поэму читаешь русские исторические хроники: где Долгоруким, Боротянским и Трубецким противостоят Разины, Булавины и Пугачевы. Две России — державная и окраинная, окаянная, мозолистая — сходились лоб в лоб: Шекспира на них нет.

У русской истории хороший вкус, говорю. Хотя горчит, горчит.

Разин в истории смут — фигура самая любопытная; тому и народная память доказательство: ни о ком больше на Руси не сложено такого неперечетного множества песен и сказаний.

Объяснения просты: народ, может, и наивен, но никак не дурковат, память его хоть и плывет порой, как в дурманном сне, но все же не расплывается до полной потери очертаний.

Первый в сем списке — Иван Болотников. Идеальная фигура для авантюрного романа. Холоп князя Телятевского-Хрипуна. Юным, взгальным парнем бежал он на Дон, что сразу выдает фигуру лихую и склонную к приключениям. В очередной казачьей схватке захвачен татарами в плен, продан туркам, турками посажен на галеры. В морском бою турок бьют итальянцы — таким образом Иван, заметьте, Исаевич попадает в Венецию. Колобродит там некоторое время, затем добредает до Польши, где знакомится с одним из мимолетных Лжедмитриев — то был дворянин Молчанов, который позже стал помогать куда более маститому самозванцу, оставшемуся в истории под кодовым именем Лжедмитрий II.

На дворе стоит 1606 год, только что убит Лжедмитрий I, он же Гришка (а кому и Юрий Богданович) Отрепьев.

Лжедмитрий II оказался Болотниковым очарован и, судя по всему, очаровал и самого Ивана Исаевича. В итоге Лжедмитрий II отправляет Болотникова в Путивль, к своему сообщнику князю Шаховскому. Того, кто сносил уже холопью шкуру, разномастную одежку казацкой голытьбы, рубище татарского пленника, ничтожного раба на турской галере и венецианского, прости Господи, бомжа, — того теперь князь встречает как царского посланника.

И ведь не прогадали, подлецы, поставив на Болотникова!

После первого поражения в противостоянии с воинством Шуйского Болотников одерживает блестящие победы: бьет, к примеру, с полуторатысячным своим наполовину сбродом пятитысячную армию князя Трубецкого.

Долго после этого бросала судьба Ивана Исаевича из стороны в сторону, но надо понять, что учинил он все же не крестьянскую войну, но служил (скорей всего, искренне) подлому самозванцу, и за спиной его была жадная до русского простора Польша. Крестьяне ж просто к делу пришлись, если и были они.

Тем более что в странствиях у Болотникова сложилось весьма оригинальное отношение к русскому народу. «Вы считаете себя самым праведным народом в мире, а вы — развратны, злобны, мало любите ближнего и не расположены делать добро» — так он говорил. Любопытный тип.

Все закончилось, когда царь Василий Шуйский в кровавых муках загнал наконец Болотникова со товарищи в Тульский Кремль и, перекрыв плотину, Кремль тот затопил — так что подмоченному Ивану Исаевичу пришлось пойти на переговоры.

В смурной октябрьский день Иван Болотников прибыл в царский стан и стал перед Василием Шуйским на колени. Положив себе на шею саблю, сказал: «Я служил верно тому, кто называл себя Димитрием в Польше — справедливо или нет, не знаю, потому что сам я прежде никогда не видывал царя. Я не изменил своей клятве ему, но он выдал меня. Теперь я в твоей власти, если хочешь головы моей, то вот отсеки ее этой саблей; но если оставишь мне жизнь, то буду служить тебе так же верно, как тому, кто не поддержал меня».

Надо сказать, что Шуйский обещал Болотникову оставить жизнь, но слова не сдержал: в итоге Ивану Болотникову выкололи глаза и утопили его в проруби. Было то в 1608 году.

Может, если бы не загнали бесстрашного вояку и гуляку под лед, история развернулась бы иначе, и, прости Господи, Шуйского бы не свергли, и Минин Козьма с князем Пожарским не понадобились бы в русской истории.

Но это я все так, так, впустую дуркую: историю не поменять.

Кондратий Булавин объявился ровно сто лет спустя — он был казаком племенным, породистым; говорят, что дед его хранил булаву войскового атамана, хотя тут скорей имеет место поздняя придумка, зато отец точно был станичным атаманом.

В 1705-м Кондратий Афанасьевич начал колобродить на Дону, побил карательный отряд князя Долгорукого, стал войсковым атаманом, умертвив атамана предыдущего, государю не перечившего. Отправил своих есаулов взять Азов, который был тогда под турками, но не взял.

Булавинская буча тоже так и не стала войной крестьянской, за пределы Донской земли она вовсе не вышла; к тому же подлая молва связывала имя Булавина с Мазепой. То, скорей всего, ложь, но в ней, надо понимать, намек.

Совсем некрасиво, что булавинское буйство пришлось на разгар войны со шведом: представляю, как был раздосадован государь Петр Алексеевич нежданной дуростью казачьей.

3 июля 1708 года Карл XII одержал победу в битве при Головчине над русскими войсками под командованием генерала Репнина — это было крупное поражение России, а тут Булавин еще... Но спустя четыре дня, 7 июля, Булавина застрелили свои же.

Без малого семьдесят лет спустя громко объявился донской, зимовейский, многое повидавший казак Емельян Пугачев, отвоевавший свое в двух войнах, поскитавшийся вдосталь, выдававший себя черт знает за кого — от богатого купца, приехавшего из Царьграда, до Петра III.

Как самозваный император Петр III он учудил самую большую смуту в России, хотя и ее русской народной назвать трудно: проходила она сначала на Урале, где русские люди были наперечет, а потом на Нижней Волге — никаких пахотных, почвенных, нутряных русаков во множестве там не наблюдалось. Воинство Пугача составляли инородцы, шальные казаки и прочая веселая сволочь, мало способная к войне: в итоге под Царицыном немец Михельсон с трехтысячным отрядом разбил наголову десятитысячное войско Емельяна Иваныча.

10 января 1775-го Пугачева казнили в Москве: «Экзекутор дал знак: палачи бросились раздевать его; сорвали белый бараний тулуп; стали раздирать рукава шелкового малинового полукафтанья. Тогда он сплеснул руками, опрокинулся навзничь, и вмиг окровавленная голова уже висела в воздухе».

Пугачева, пожалуй, помнили бы не меньше Разина, но он запутал следы со своим самозванством, народу разобраться было непросто, «казак или царь».

Разин — иное дело. Его самый памятный народу бунт произошел шесть десятилетий спустя после болотниковских баталий и за три десятилетия до булавинской блажи. Так что иные разинские работнички еще успели почудить при дядьке Кондратии.

Знаменательно, что зачинщик едва ли не самого кровавого разброда на Руси в молодости дважды ходил на богомолье в Соловецкий монастырь, пересекая огромную землю от Азовского до Белого моря — почти две тысячи километров пути. Впервые Разин добрался до Соловков осенью 1652 года, будучи юношей лет двадцати трех, после неоднократного участия в походах к турецким берегам. И второй раз — снова осенью, уже 1661 года, — сразу после того, как представлял войско Донское в переговорах с калмыками, которые провел успешно.

Он был дипломат и знал восемь языков: татарский, калмыкский, персидский и прочие восточные, хотя, возможно, еще и польский — в Польше он тоже в юности повоевал; там, к слову сказать, очередной князь Долгорукий повесил брата Разина Ивана Тимофеевича за самовольную отлучку с позиций.

...Не надо бы у русского человека брата вешать — каждый раз это кончается нехорошо...

Брата Степану пришлось простить, но, видно, злоба затаилась навсегда.

Спустя два года после богомолья с ведома войскового старшины Разин во главе казачьего отряда совершает военный поход на крымцев. В бою под Молочными Водами отряд Разина одерживает победу, о чем было отписано государю Алексею Михайловичу.

Но, видно, не того хотелось уже Разину, тесно ему становилось и муторно.

Есть песня такая: «...Стенька Разин разъезжал, себе что ни лучшего казака шельму-разбойничка выбирал: "Кто бы во синем море достал ты желтого песочку, да чисто-начисто вычистил мой вострый булатик, снял бы с него черную ржавчинку, да навострил бы его востро-навостро, да и вскрыл бы мою белу грудочку, да и посмотрел бы в мое ретиво сердце, отчего оно больно болит..."»

Отчего болело? Ведь болело же, если он то молиться шел за тридевять земель, то во своей донской земле казачьей вдруг почувствовал себя чужаком, дикарем, изгоем. А он ведь был крестник атамана всего войска Донского! Крестник!

Но пошел поперек казакам.

Другая песня есть об этом: «У нас то было, братцы, на тихом Дону, на тихом Дону, во Черкасском городу, породился удалой добрый молодец, по имени Степан Разин Тимофеевич. В казачий круг Степанушка не хаживал, он с нами, казаками, думу не думывал, ходил, гулял Степанушка во царев кабак, он думал крепку думушку с голытьбою: "Судари мои, братцы, голь кабацкая..."»

Так все и было. Не найдя понимания в отяжелевшем казачестве, Разин отправился в верховые донские городки, где осело недавнее беглое мужичье — ну, наподобие помянутого Болотникова: которым прежняя жизнь не дорога стала, а новой не было никакой. Сколотив себе ловкую банду весной 1667 года, сорокалетний Разин самовольно, без разрешения атамана войска Донского, идет на Азов, но не решается на штурм и вертается обратно. Слабовата пока его вольница: онто это понимал, злой и умный вояка.

Жрать, впрочем, чего-то надо было всем им, и Разин начал беспредельничать. Поднимаясь вверх по Дону, его работнички «многие казачьи городки разоряют, проезжих торговых людей и казаков грабят и до смерти побивают», «многих хозяев и работников бьют и вешают беспрестанно».

Так Разин из удачливого дипломата, профессионального военачальника (царю о нем писали!) превратился в шельму, в негодяя и убийцу. Сам захотел такой судьбы, осмысленно, земной свой путь пройдя за середину.

Перебравшись с Дона на Волгу, работнички его грабанули богатый караван, изрубили начальных людей, целовальников, с патриаршего струга трех «повесили на шоглу за ноги, а иных за голову». Тут, кстати, переметнулся к Разину весьма характерный тип — приемный боярский сын Лазунка Жидовин — ну, или, если хотите, жид Лазарь. Так и остался он с атаманом и был вполне в чести. Любопытно-с.

Смутьяны спустились вниз по Волге, перебрались на Яик и подлым обманом взяли Яицкий городок, где зазимовали.

Когда оттаяли зимние льды, отогревшиеся Стенькины работнички двинули по Еврейскому — оно же Хазарское, оно же Каспийское — морю. К персидским берегам.

Иные думают, что Разин отправился персов жизни лишать и жилища их грабить, но все не так было, а наоборот: Степан свет Тимофеевич, уставший от русского житья, предложил шаху принять его в подданство, чтоб бить узбеков, хотя можно и кого иного, тут не важно.

Шах тянул и тянул время, никак ни на что не умея решиться, и, скорей всего, захотел в итоге казачков надурить и перерезать, но дипломат Разин оказался и умнее, и коварнее.

Поняв, что шах затягивает переговоры, чтобы войско собрать, Разин опережает супротивника и начинает резать персов сам и с непотребной наглостью грабить прибрежные персидские города.

Так казачки атаковали Астрабад, порезали всех мужчин, зачистили жилища и увезли восемьсот женщин на остров в двух днях пути от города. Разинский казак, взятый позже в плен, рассказывал, что оргии на острове были такие, что иные разбойнички не выдерживали и умирали. Хотя, конечно, и морская водичка, и морская погодка, и иные, новые излишества от курения неведомых трав до принятия неведомых напитков губили вчерашних черноземных мужиков.

Ну да это счастьем было все равно: вырваться однажды из рязанской своей, в четыре избы, деревни, забыть про подати и оброки да очутиться вдруг посреди Еврейского моря меж черномазых баб полуголых, дурных напитков и веселящего дыма. А? Каково?

Разин был нашим, русским, вполне удачливым пиратом. То было время золотого века пиратства. Ровесником Разина был Генри Морган, перебравшийся из Англии к берегам Испанской Америки, создавший свою пиратскую флотилию; головокружительная судьба его закончилась тем, что он стал первым вице-губернатором Ямайки. И много иных, ему подобных, куролесило тогда по морям и океанам.

В качестве курьеза заметим, что в том же 1667 году д'Артаньян был повышен в чине до капитан-лейтенанта, фактически став командиром первой мушкетерской роты — выше его был лишь король, номинальный капитан мушкетеров.

Море тем временем (Еврейское море) сделалось бурным, и раскаявшиеся Стенькины разбойники сочли это наказанием за их оргии и дебоши. Говорят, что часть женщин они принесли морю в жертву, чтоб успокоить стихии, но, возможно, это ложь. Разве что больных дурными болезнями утопили. В любом случае море успокоилось. Казаки еще погуляли по волнам, пограбили любых встречных и отправились поближе к дому, напоследок разбив четырехкратно превосходившее их в численности персидское воинство и взяв в плен сына Менеды-хана — сам хан едва унес ноги.

Несметно богатый Разин вернулся на Дон. Отныне слава его ширилась неустанно: первые песни о Степане Тимофеевиче сочинялись уже в те дни, и два столетия подряд создавались все новые и новые.

Всю зиму 1669 года Разин шлет гонцов к гетману Правобережной Украины Петру Дорошенко и атаману войска Запорожского Ивану Серко — подбивает товарищей для задуманного. Чуть позже отправляет он гонцов к опальному патриарху Никону. Только Генри Моргану не написал, а тот бы вдруг и откликнулся.

И Серко, и Дорошенко, и Никон будут мучиться, раздумывать, тянуть время, но Разина не поддержат.

А если бы поддержали — лопнула бы Русь, как арбуз, и вывалилась наружу совсем иная русская история. Как все-таки часто проходили мы по этим огненным рубежам: опасаясь оступиться то ли в русский рай заповедный, то ли в рыжее, смертельное пламя и черную золу.

В мае 1670 года начался поход втрое увеличившегося воинства. Разин совершил ту же ошибку, что и Пугачев позже, — не пошел в черноземье, по воронежам и рязаням, а вновь закосил налево, на волжское малолюдье. Казаки вообще привыкли либо к воде, либо к седлу.

На Волге — к пришедшим к нему — обратил Степан Разин свое гордое и заветное: «Я пришел дать вам волю!»

Но сам снова увильнул от мужика и спустился по Волге вниз, к неприступной Астрахани, которую, впрочем, захватил легко и завис там на два пьяных месяца, потеряв самое дорогое в любой борьбе — время.

Видно, вновь раздумывал: может, на хер ее, эту Русь, — и снова в Еврейское море уплыть и сапоги помыть у персидских берегов.

Но не пошел-таки в Каспий — а поплыл вверх по Волге. Взял Самару, Саратов и выплыл под Симбирском, красивый, потный, удачливый.

На Руси, надо сказать, казачки вели себя не столь дурно, как в Персии. Бояр, да, резали — но решение о казни почти всегда принимал городской круг: и если горожане просили оставить воеводу в живых — оставляли.

После взятия очередной крепости и следовавшего за сим событием праздника Разин запрещал пьянство. Сам, может, и пил, а казачкам не велел. За кражу попавшийся разбойничек убивался на месте. Блуд являлся непрощаемым преступлением в среде разинцев: за насилие наказывали больно, а то и смертельно. А в Астрахани Разин вообще запретил не то что непотребство, но и произношение на улицах матерных слов. От ведь как, а вы говорите: русский бунт, русский бунт.

Разномастных жителей захваченных волжских городов Разин «приводил к кресту» — они принимали присягу, обещая «за великого государя стоять» и «Степану Тимофеевичу служить». И чтоб ни у кого не возникло сомнений в верности атамана государю и церкви, усадил он на свои струги лжецаревича Алексея Алексеевича и лжепатриарха Никона.

Как всякий великий смутьян, Разин понимал суть русского человека, который даже бунтовать против своего хозяина хочет заедино с царем и с патриархом.

Рижская газета «Северный Меркурий» в номере от 5 сентября 1670 года сообщала то ли в ужасе, то ли в радости: «...все приезжающие из Москвы подтверждают вести о мятеже. Глава его велит себя титуловать "князь Степан Разин, атаман". Он, можно сказать, держит в своих руках оба больших царства — Астраханское и Казанское и берет один город за другим».

В рижской газете писали почти правду: под Разиным находилась вся низовая Волга — крупнейшие города: Астрахань, Черный Яр, Царицын, Саратов, Самара. Окруженный Симбирск сидел без воды. Полдороги до Москвы было пройдено, остались Казань, Нижний Новгород, где Разин намеревался зазимовать, Муром и Рязань.

Но под Симбирском удача отвернулась от Разина. Подошедшее воинство князя Боротянского поломало хребет разинским разбойничкам. (Как же после этого в Симбирске было не родиться одному раскосому мальчику!)

Побросав мужиков, которым Разин не верил никогда, на немногих стругах позорно сбежал он на Дон. Дурная слава обгоняла его: городские ворота в Саратове и в Самаре Разину уже не открывали.

Несколько месяцев метался несчастный атаман по донским станицам, зазывал казаков погулять по разбуженным русским просторам, но казаки не шли за ним.

Прошла зима, и пока Разин клял и резал несогласных с ним казаков, бунт в черноземной Руси все разгорался и разгорался, и имя разинское несли из уст в уста, как золотой цветок.

А он ведь предал, предал русского мужика, только что разлепившего глаза. Пнул и оставил одного под Воронежем и Рязанью, под Тамбовом и Нижним...

Мужика этого резали и били нещадно: только в Арзамасе воевода Долгорукий казнил одиннадцать тысяч смутьянов. Напомним, что самое жуткое проявление бессмысленного и беспощадного бунта случилось в Астрахани, где при Разине было убито... 66 человек.

Весной Степан свет закатный Тимофеевич собирался снова вернуться вверх по Волге, но в сырой день 13 апреля его пленили сытые да домовитые казаки и повезли в Москву.

И апрель везли, и полмая везли — словно на новое богомолье отправился Разин сквозь расцветающую русскую природу.

В Москву въезжал он в клетке, стоял привязанный, с раскинутыми, как на распятье, руками, а брат его, Фролка, тоже побузивший свое, бежал, словно собака, за телегой, прикрепленный цепью за шею.

Разина пытали две недели, но он ничего не сказал.

6 июня 1670 года четвертовали на Красной площади, принародно. Он поклонился на три стороны — минуя Кремль и присутствовавшего при казни государя Алексея Михайловича и его бородатую свиту. В народных песнях Степана Тимофеевича Разина казнит не Алексей Тишайший, а Петр Первый: несколько мелковат в народном понимании оказался Алексей Михайлович для народного заступника. Великана должен великан казнить, как иначе...

Когда Разину отрубили уже руку и ногу, брат его Фрол смалодушничал и закричал, чтобы избежать казни, что откроет государю тайну... Разин, два недели беспрестанно пытаемый, с отрубленной рукой и ногой, крикнул брату:

— Молчи, собака!

Видите этот огрызок человечий? — паленый, горелый, с безумными глазами, с животом, изуродованным каленым железом, но кричащий истово: «Собака, молчи!» — видите, нет? Этим криком снял он с себя не один грех, а многие. Так надо уметь умирать.

Подверстывая самозваные итоги великих смут, можно сказать лишь одно: хоть и не дошли толком буяны до черной, буйной, грязной Руси, но тут их как ждали тогда, так и ждут до сих пор.

И не знали смутьяны мужика, и не жалели, и предавали его: а мужик все тянулся и тянулся кровавыми пальцами к своим стенькам и емелькам — подальше от долгоруких и трубецких.

Казачьи бунтари были пассионариями в чистом виде: людьми, которым всюду невыносимо тесно. Но ведь и русскому мужику тесно тоже, особенно когда у него сидят на шее и бьют пятками по бокам: н-но! пошел, мужик! вези, мужик!

Мужик везет, везет, а потом нет-нет да обернется: может, нагрелось зарево где-нибудь у Царицына, может, пора уже, а? Может, дойдет хоть раз от станицы Зимовейской до его проклятой улицы праздник...

...Праздник сладкий, а потом соленый. Но сначала сладкий...

СТРАШНЕЕ, ЧЕМ СМЕРТЬ

Мне уже много лет, а я только недавно стал замечать, как людям страшно. Им так страшно, что меня это напугало. Я стал думать, что мне тоже надо бояться.

Я никогда не искал близости с людьми, не пытался разделить их хлеб, их нежность, их горечь, их вино. Это получилось ненароком, шаг за шагом, рюмка за рюмкой. Нас сталкивало, мы сближались, подвернувшиеся друг другу на сто первом случайном повороте, каждый из которых по странному стечению обстоятельств именуется судьбой.

Так мне пришлось удивляться страхам одного человека, досадовать на ужасы второго, прятаться от маний третьего; и всякий раз я полагал, что это случайность. Но оказалось, что это закономерность.

До 33 лет я был уверен, что смерти нет.

Скажу больше. Я был уверен, что между мужчиной и женщиной нет противоречий, пока не узнал об этом от женщин. Я был уверен, что детство никогда не кончается, пока несколько окружавших людей не стали называть меня по имени-отчеству; только с годами я понял, что они не шутят. Я был уверен, что нет еврейского вопроса, пока не узнал об этом от евреев. Я даже думал, что русского вопроса не существует, пока Россия, согласно заветам одного мудреца, не слиняла в три дня, оставив на пустыре крыс с ледяными глазами и нестерпимо наглыми повадками.

Тут вот еще смерть.

Раз за разом, от одного близкого человека, от третьего и от пятого я узнал, что о смерти они думают чаще, чем, например, о восхитительных, полных глубокого смысла и нескончаемой радости отношениях меж голым мужчиной и еще более голой женщиной.

Я раскрывал глаза и недоверчиво ухмылялся, как какой-нибудь Квакин из книжки «Тимур и его команда».

— Ты че? — спрашивал я, заглядывая в глаза милому собеседнику, внутренне готовый расхохотаться вместе с ним. Но он никак не хохотал.

До сих пор не хохочет.

— Да. Я все время думаю о смерти, — говорил он, нестерпимо красивый, юный, с властными скулами, полный мышц и гуттаперчевых костей.

— Тебе двадцать пять лет, — говорил я ему. — Ты знаешь, какая жизнь длинная? Даже я не знаю. Она такая длинная, что ее пережевывать уже нет сил, глотаешь огромными кусками — но они, б...дь, стрянут в горле, дышать нечем, ни туда ни сюда.

— Нет, — сказал он, тряхнув на ветру пушистой головой.

Листья посыпались. Я подобрал один — он был хрусток и молод: на свет проглядывались зеленые жилы, полные влаги, крови и еще не знаю чего там, лимфы, семени, сахара и соли.

— Даже за три года можно прожить три жизни! — говорил я другим, куда более взрослым. — В этом трехлетии будет удивительно много смысла, и при самом малейшем желании ты накопишь себе несметное количество амулетов и безделушек, которые можно будет нежно перебирать целую вечность, бездонное количество времени. Хоть целый год.

Иногда мне кивали в ответ с таким пронзительно понимающим видом, словно я пришел в камеру к смертнику и предложил ему восхититься стройностью сочиненного мною вчера на ночь стихотворения.

— Я чего-то не понимаю? — спросил я.

— Ты чего-то не понимаешь, — ответили мне.

— Если ты не лжешь, — добавили мне.

Неожиданно я стал вспоминать, что все наши бесшабашные пьянки, такие мне органичные, такие светлые во мне, — давно уже едва ли не для каждого третьего моего собеседника стали единственным способом избежать кромешного ужаса, от которого уже никто не защищает: ни мама, ни ароматная юбка, ни редкая сладость побед.

Еще я стал все чаще встречать людей, которые отказываются от этих пьянок или пьют равнодушно, не глядя на стол и не пьянея, — потому что знают наверняка, что все это не избавление, потому что белая сорокаградусная дура, хоть жаркая она, хоть ледяная, — не спасает! не хранит! не бережет! не избавит никогда от неминуемого!

Мало того — делает мысли о неминуемом настолько больнее, острее и объемнее, что хочется прекратить все это немедленно, разом, с балкона наземь. Или еще как (много ли ума надо для дурацкого дела).

Иногда мне хочется прижать дорогих моих, любимых и хороших людей к груди и дышать им в волосы, потом в глаза, потом в сердце: ведь не будет ничего! То есть — ничего плохого! Разве вам об этом не сказали?

— Если ты не лжешь, — ответили мне ледяным голосом.

— Я не лгу, — сказал я; отчего-то бровь моя вздрагивала.

— Ты не о том отвечаешь, — сказали мне неживым голосом. — Ты лжешь, что сам это не чувствуешь.

Я подумал. Насколько это возможно в моем случае. То есть несколько секунд не разговаривал, не произносил тосты, не смотрел бессмысленно в потолок, не щекотал какого-то теплого человека.

— Почему? — сказал я. — Я тоже несколько раз об этом думал. Но ничего не придумал. И поэтому я не понимаю, отчего вы, смерть подушками глуша, бессонны? Отчего не спите, прислушиваясь к себе? Отчего глаза ваши то зажмурены до кромешной слепоты, то расширены зачарованно?

Половина земного срока уходит на исступленные мысли о смерти.

Половина человеческого рассудка тратится на жуткую обиду: зачем Ты придумал так, что мы исчезаем? Исключи меня из списка, иначе я не знаю...

Другой, замечательно ясный и трезвый человек говорит мне:

— Не бывает и часа, чтоб я не вспоминал о смерти, я думаю о ней постоянно, я волнуюсь, как перед экзаменом.

Я молчу; тем более что ответа не ждут. Мне удивительно.

«...Как перед экзаменом, — неопределенно и мрачно ерничаю я, — со шпаргалками в носках...»

Кому там нужны наши ответы.

Тем более что больше всего мы, наверное, боимся, что там нас никто не спросит.

Моя любимая женщина вспоминала, как плакала ее ныне покойная мать на похоронах своей матери. Было тогда моей любимой немного лет, но она помнит, что даже не плакала мама, а кричала исступленно и дико.

— Так только безбожники могут кричать о мертвом, — с горькой грустью вдруг сказала любимая.

— Которые знают, что никогда не встретятся, — добавила она.

На столе стоял в чашках горячий чай.

Мы встретимся. И даже узнаем друг друга.

И, по-видимому, столь же исступленно начнем думать о жизни. Думаю, она тоже покажется страшной — оттуда, с другой стороны. Гораздо страшнее, чем смерть.

ДОТЯНУТЬСЯ ДО ЛЕТА

Я всегда ругаюсь на свою любимую, когда она приговаривает: «Ну вот, скоро лето, скоро лето!»

«Куда ты торопишь мою бесценную жизнь! — говорю я в шутку и патетично. — Какое еще “скоро”? До лета — целое лето!»

Ведь на улице — февраль, гололед и противные сквозняки.

Любимая, конечно же, не согласна.

Да и я, пожалуй, тоже.

Как всякий счастливый человек я хочу быть уверен, что лето — самая долгая часть года и длится месяцев шесть. Иногда даже семь. Посему — оно всегда скоро. Главное — немножко дожить и чуть-чуть подождать.

По крайней мере, когда я вспоминаю свою жизнь — хоть детство, хоть юность, хоть, так сказать, зрелость, — я помню в основном летние дни.

Детство было сплошным летом, только несколько иных эпизодов помнятся: вот, к примеру, бреду по деревенской грязи в постылую школу; а вот ищу с мамой потерянную калошу в сугробах, по которым катался на санках.

Боже мой, мы ведь еще ходили в калошах — которые одевали на валенки, и это было в моей жизни. Какой я старый уже. Хорошо еще, что я лапти не помню.

В общем, калошу мы тогда нашли, а все остальные воспоминания мои без калош и без снега — там только солнце, горячий воздух и много воды.

Вся осенняя, зимняя, весенняя жизнь пролетела серой, сырой, соленой чередой, и только лето, медленное и тягучее, как мед, тянется и тянется, иногда даже превращаясь в стоп-кадр, который никак не сдвинется с места.

Помнится, к примеру, как однажды мы с любимой провели на горячих песках возле реки Керженец дней, наверное, пять. Мы лежали недвижимо, как ящерицы, иногда, впрочем, отползая к воде. Окунувшись, я извлекал из песка возле берега бутылку вина или пару пива и отползал на лежанку из старого покрывала. К вечеру я выпивал 6–7 литров разнообразного алкоголя, ни на минуту не пьянея. Жара стояла в сорок градусов, и счастье мое было нестерпимо.

Это было огромное время! Оно никак не могло кончиться! За те дни я передумал всю свою жизнь, потом еще очень долго не думал вообще ни о чем, потом неустанно смотрел на воду, потом еще дольше вглядывался в лес на том берегу — каждое дело отнимало у меня в реальном времени не менее ста еле истекающих часов. И все это, говорю, вместилось в пять дней. Определенно, каждый день пошел за месяц.

Все врут, когда говорят, что счастье мимолетно, а жизнь состоит из череды нудных дней. Я хочу думать, что все, черт возьми, наоборот. Счастье никак не может кончиться, оно неотступно и навязчиво. А будни — пролетают, даже не задевая быстрыми крыльями; порой даже обидно, что не нельзя схватить эти будни за их стремительный хвост.

Как бы так научиться, чтобы лето было всегда, даже если вокруг снега, и в них потеряны наши калоши, и ноги мерзнут, и мама недовольна.

К финалу зимы, что греха таить, действительно устаешь: наша природа подъедает редкие русские витамины, леденит кровоток, ослабляет мозг бессонницей, леностью и вялостью.

К марту очень хочется спать, и ты никак не можешь распуститься с первой весенней почкой.

Бывая за границей, я очень понимаю, отчего люди там не едят... нет, даже не так — на наворачивают тяжелой ложкой суп, щи, борщ! не потребляют по сорок пельменей сразу! не режут сало огромными кусками! не пьют водку стаканами! и даже хлеб не едят — в тех количествах, в каких едим его мы. Потому что нам, блин, холодно — а им, блин, нет. О, и блины еще там не потребляют — с рыбой, с вареньем, с мясом, с творогом. И творог тоже не едят — такой, какой едим мы: настоящий, белый, калорийный, крепкий настолько, что его можно использовать в качестве замазки для постройки крепостных стен.

Нам холодно и неуютно, мы предпочли бы спать зимой, как наши медведи, но всю зиму мы, напротив, ходим на работу, бродим по холодным цехам, коридорам, офисам, месим снег, кутаемся в тяжелые одежды и крепимся, крепимся.

Даже сегодня, когда воочию настало глобальное потепление и русская зима объективно потеряла свой авторитет, — даже сейчас у нас холодно, осклизло и гадко, и изморозь всегда ползет по спине, въедаясь в позвоночник.

Мы гребем всеми конечностями навстречу маю и даже апрелю — потому что наше лето, вовсе не жаркое, но такое сладкое, славное, сердечное, начинается именно тогда. И длится, скажу я вам, минимум до октября.

Мы будем испытывать очевидные неудобства, но искупаемся все равно именно в мае, желательно первого числа. Но если не выйдет, то 9-го, в День Победы, — наверняка.

Потом нас будет покрывать легким ледяным туманом, но мы пролежим на пляже до октября.

И благодаря этому мы все-таки наберемся сил, мужества и смелости для того, чтобы стремительно преодолеть эту краткую, нестерпимо краткую, невыносимо краткую, почти незаметную — скорей бы она уже кончилась — зиму!

Зима будет хватать нас за ноги, срывать эти самые треклятые калоши, сжимать наши уши в ледяных своих варежках, задувать в глаза хлесткой пылью, но мы проберемся сквозь нее к своему берегу, где все тот же стоит тихий лес, и река течет неслышно, и в реке вот уже не первую сотню лет стоят мои бутылки с вином, пивом, портвейном, ромом и прочими чудесами.

О, какая у них выдержка, у этих напитков! Как упрямо они ждали и ждут меня!

И какая выдержка у нас: потому что мы доживем до этой минуты. Чего бы это нам не стоило. Даже не заметим, как доживем. Скоро лето, любимая, скоро лето! Я почти уже себя убедил в этом. Еще совсем немного, и мы опустим эту мерзкую температуру. Опустим ее, как последнего дворового негодяя, она того заслуживает — ведь именно она своровала наше тепло, нашу нежность, наше летнее горячее сердцебиение. Нет терпения уже терпеть все это, нету его.

Скоро лето, моя дорогая, скоро счастье. Вот оно уже, у самой кромки зимы.

...Черт, отчего же я так мерзну до сих пор.

ВАШЕ ИМПЕРАТОРСКОЕ ВЕЛИЧЕСТВО

Месяц цезарей

Ничего плохого про август сказать нельзя.

Когда я стану диктатором, я отменю 1 сентября и еще несколько дней в году: не хочу сейчас справляться, в какие дни Россия пытается отмечать новые демократические праздники — но именно их я отменю вместе с календарными днями, чтоб неповадно было. Будем с третьего на пятое легко переходить и с седьмого на десятое. Нам не привыкать.

Напротив, август мы удвоим или утроим, и всякий день в августе будет длиться соответственно два дня или три. Надеюсь, что в любимом месяце моем хотя бы нет демократических праздников. Потому что и так зла не хватает: оболгали самую медовую, самую сладостную, самую волшебную пору в году, сочинили, будто август — это времена жутких катастроф. Полноте вам.

Август, говорю, волшебный, потому что он один обладает удивительным свойством быть самым коротким и вместе с тем самым длинным месяцем в году. То есть он стремительно пролетает, всего лишь один раз взмахнув над потной головой горячими крыльями, — и вместе с тем только август и помнишь из всей своей жизни: он тянется и течет, как янтарь по сосне. Тронул пальцами — он и прилип, хер отскоблишь.

Кроме того, август — это император. Август с большой буквы. Словари сообщают, что Август (63 г. до н. э. — 14 г. н. э., основатель Римской империи) был привлекателен и хорошо сложен, величественно держал себя на публике, а в частной жизни вообще казался теплым ангелом. Вот такой он, август, узнаете?

Я смотрю августу в глаза и благодарен ему за мою частную жизнь, она так горяча в его руках. А его поведение на публике? Это самый надежный летний месяц, он редко подводит, это не взбалмошный июнь вам, серый и мокрый, а зачастую еще и холодный; это не сентябрь опять же, в его лживых воздушных шарах и с обидно холодной водою, щиколотки леденящей.

Ангел мой милый, горячечный мой, неси меня, я легкий. Подбери когти-то, я не добыча.

Август почти идеален: не сжигает жаром и не морит холодом. Дышит в темя, обнимает за шею — так, как обнимают дети и самые любящие женщины. Иногда свешивает язык, ему жарко. Язык горит, как пламя зажигалки, — так, кажется, сказал поэт Вознесенский или поэт Евтушенко, если это разные люди. Как пламя зажигалки, да. Спасибо, поэт. Конечно, это только нам, горожанам, август кажется сладострастьем и пиршеством, с легкой желтизной по окоему; ну, в крайнем случае, с кондиционером и вентилятором, измотавшим лопасти на фиг.

В деревне же, откуда мы все сбежали в прошлом веке, летний месяц этот сложен и тяжел: последнюю травку надо накосить, чтоб скотину кормить всю зиму, а на исходе императорского месяца нужно колорадскую пакость собирать неустанно и давить, давить, давить ее; и еще сорняк растет злобно и жадно за последним солнцем вослед; и вот-вот уже придет пора картошечку копать, точите лопаты, примеряйте белые перчатки.

«В августе серпы греют, вода холодит», — народ говорит. «Овсы да льны в августе смотри, ранее они ненадежны», — еще говорят. «Мужику в августе три заботы: и косить, и пахать, и сеять». «Август крушит, да после тешит». «Август — каторга, да после будет мятовка».

Но и в сельской местности, признаюсь я, последний писатель деревни, август кажется огромным, ведь летний день кормит зимний месяц — как день такой не запомнить, когда ему ползимы в ноги кланяешься.

Я жил в деревнях черноземных и в ледяные зимы, и в горячие месяцы — но стариков своих помню только в сиянии августовского солнца: как красивы они были! И, Боже мой, молоды — как на военных своих, со Второй мировой, фотографиях! И еще как они счастливы были — что мы, дети и внуки их, путаемся среди них — тонконогие и загорелые, расцветшие и пережаренные с корочкой на жаре.

Осени меня взмахом крыла, август, я люблю тебя. Не тай на руках, затаи сердце, сбереги сердцебиение.

Недаром у Даля август определяется как «густарь» — в нем всего много и густо едят, и самая жизнь внутри его тела нестерпимо обильна, рвется настежь, норовит хлынуть горлом.

В августе можно умереть только от счастья. Во славу августейшего императора.

Что мне в августе не нравится — так это дети, рожденные в нем, надменные и лобастые Львы, черт их за ногу и за гриву, — не важно, мужчины они или женщины.

Но император имеет право на недостатки, тем более что август особенно и не виноват в том, что до него из декабрьских сумерек донесли этих младенцев.

Зато в августе зачинают майских детей, рожденных под созвездием Тельца, солнечных, полных сил диктаторов, плотоядных и осиянных.

О, август знает свое дело. Август знает свою пышную, неутомимую силу, шекспировскую, чайковскую, набоковскую. Любитесь и ласкайтесь в августе, обретая друг друга по-звериному, в ароматах боренья и страсти. Ваша земля и ваши народы будут вам благодарны спустя девять месяцев.

И чуть позже, и много позже, и во всякий август августейший.

МИЛЫЙ МОЙ ЩЕЛКУНЧИК, ДОРОГОЙ МОЙ ЩЕЛКОПЕР

Экспромт, написанный по просьбе журнала «Glamour»

Щелкунчик, щелкопер, имя твое шелестит, как волосы твои, которые я пропускала меж пальцев. Дуралей ты мой, дуралей, совсем ты дурачок. Следователь по особо важным делам... и влажным телам тоже, прости мне мою пошлость, но мне до сих пор душно, когда я думаю о тебе, если тебя нет рядом. Щелкунчик, щелкопер, чудак в пенсне. Напомни мне, когда ты мне приснился, откуда взялся, чтобы застить мне свет.

Ну, конечно же, конечно, это мой дядя, мой лукавый крестный Дроссельмейер стал причиной нашего знакомства. Он часовщик, познавший странную истину: что время не течет — оно лежит, свернувшись в клубке, и сколько бы котенок ни играл с ним, клубок един, мохнат, кругл. Его всегда можно убрать в карман и гладить там ладонью.

У дядюшки Дроссельмейера были длинные, тонкие пальцы, и я часто думала, что, если он возьмет меня за запястье, пальцы его обернутся вокруг моей руки дважды. У меня тонкие запястья, Щелкунчик, ты же знаешь. Помнишь, как ты дышал на них, удивляясь, где же там удерживается жизнь, если мои прозрачные вены тоньше прожилок на осином крыле. Ты всегда хотел быть железным и черным, как канделябр, стойким и строгим. А ты был нелеп, нелеп. Нелепый ты был... «Посмотри, с кем ты связалась», — говорил мне брат мой, которого все называли Фриц. Он был брит наголо, читал серые книги в черных обложках, слушал странную музыку, под которую, казалось, нужно маршировать, но мне под нее хотелось лишь дурачиться и стоять на голове. «Видишь, с кем ты связалась!» — повторял Фриц, поднимая гантель и косясь на свой бицепс; а я смеялась над ним, потому что был никакой он не Фриц, а мой смешной братик — я еще помню, как он описался на Новый год всего каких-нибудь семь лет назад.

А началось все не так весело: дядюшка мой Дроссельмейер попал в опалу. Он слишком надеялся на свои связи при дворе — ведь все мы знали, что иные министры и даже сам премьер-министр ходят в его часах, слушают бой его часов на своих многоэтажных (половина этажей под землей, половина — над) дачах и жены самых важных мужчин государства носят маленькие часики Дроссельмейера. Все знали, что это он, мой дядя, стал законодателем новой моды на часы: когда смотреть время, извлекая из брюк или из сумочки мобильный, стало признаком дурного тона.

Но где-то прогадал милый Дроссельмейер, и Фриц, вернувшийся однажды посреди дня (обычно он приходил ночью, веселый и пахнущий потом), громко влепивший о косяк дверью, сообщил, что у дяди проблемы. «Где он?» — спросила я в ужасе. Фриц ответил. Почти в беспамятстве я развернулась за чашкой воды и ударила локтем в стекло серванта. Стекло с хрустом раскололось, я почувствовала резкую боль. Хлынула кровь. Я потеряла сознание. Фриц повел себя молодцом. Не испугался, наложил мне повязку и, как позже рассказывал сам, хотел самолично зашить мне располосованную кожу. Но не нашел такую иголку, чтобы не проткнула мне всю руку разом, и все-таки вызвал врача. В большой семье Дроссельмейеров были не только часовщики, но и врачи.

И вот когда я, кажется, во второй раз навещала в большом и каменном доме моего дядюшку, моего крестного Дроссельмейера, похудевшего еще больше, с недвижимым лицом, с остановившимися глазами (только длинные, почти бессчетные пальцы неустанно перебирали невесть откуда взявшееся гусиное перо), — вот тогда ты, Щелкунчик, случайно увидел меня. Ты вел дело моего дяди.

«Клик-клак-хрррр...» — так закрывались двери в том здании. Когда ты спустя семь минут нагонял меня на улице, я затылком почувствовала, что ты то надеваешь, то снимаешь свое пенсне, Щелкунчик. Ты тогда уже был Щелкунчик — так, немножко издеваясь, прозвали тебя на твоей работе. Ведь ты был такой смешной, весь не в такт, весь не в тон, иногда странно жадный, иногда непомерно щедрый, весь словно сшитый из разномастных лоскутов. С большими зубами, с большими глазами, лобастый, тонкий — ну натуральный Щелкунчик. К тому же ты щелкал дела, как орехи, — такие не могли разгрызть старые волки и раздробить матерые зубры в том большом и каменном здании, где многие и многие несчастные и виновные ждали суда. И поэтому в твоем сказочном прозвище было еще и уважение. Пожалуй, ты был способен на подлость. Пожалуй, ты был самолюбив и склонен к хвастовству. Но разве это те вещи, из-за которых женщина может не полюбить, когда ей хочется полюбить, или сумеет разлюбить, когда ей не хочется разлюбить? Тогда ты наконец нагнал меня и заглянул в лицо.

Свое пенсне ты снял. Первым делом я увидела рыжие глаза и яркий подвижный кадык — я ведь смотрела снизу, ты был выше меня. Кадык был такой объемный, словно ты проглотил рака и он выбирается у тебя по горлу обратно. Я посмотрела в твои глаза и сразу решила, что ты заколдован, а я тебя расколдую. В тот же вечер я обнимала тебя одной, левой, рукой за шею.

Правая моя рука еще носила швы, и мне было больно ее сгибать или разгибать. Спустя три дня ты сказал, что сделаешь все, что я захочу. «Мари, — сказал ты, — я сделаю все, что ты захочешь». И прикоснулся губами к ниточкам еще не снятых швов. Я лежала на животе, не поворачивая головы к тебе. Я тогда уже знала, что ты всегда обещаешь больше, чем можешь дать. Но что это за мужчина, который обещает меньше, чем может дать? Еще я подумала, что ты уже расколдован. Что ж, это было несложно. Главное теперь — не убить тебя, ведь расколдованные становятся смертными. Отчего-то об этом никогда не говорят в сказках. «Отпусти Дроссельмейера», — сказала я. Ты замолчал. Покурил в открытое окно. Оделся. Вышел. Навстречу тебе попался возвращавшийся под утро Фриц. «Зачем тебе нужно это тело?» — спросил Фриц, войдя ко мне. Я ответила. Спустя десять минут ты вернулся, спокойный и собранный. «Ты же ушел», — сказала я. «Я ходил за сигаретами, — ответил ты просто. — По дороге все придумал». — «Что именно?» — «Тебе важно это знать? Что ж. Я знаю, кто стоит за этим делом. Я знаю, кто заказал вашего дядю. Я посажу заказчика». — «Это невозможно». — «Это более чем просто. Почти все материалы у меня на руках. Еще три дня мне нужно на сбор оставшихся улик. На четвертый я обнародую их через семь источников: в печати, на радио и на ТВ. Они уже ничего не смогут изменить. Вашего дядюшку придется выпустить. А заказчика придется брать под стражу. Думаю, я даже успею отдать приказ о его задержании. После этого мне останется жить... ну, минут пятнадцать. Быть может, я успею дойти до трамвайной остановки, но никак не дальше». — «Фриц, не подслушивай», — сказала я. Фриц открыл дверь и сказал: «Пятнадцать минут — это очень много». Щелкунчик оскалил зубы: было непонятно, улыбается он или хочет откусить Фрицу голову.

Прошло четыре дня. Последнюю ночь я не спала. Фриц, напротив, спал очень крепко. Он проснулся в семь тридцать утра и стал пить молоко. Через полчаса начались криминальные новости. Второй сюжет был о неожиданном повороте в деле Дроссельмейера. «Подробности в следующем выпуске новостей». «Пора», — сказал Фриц и выглянул в окно. На улице стояли четыре мотоцикла, похожие на освежеванных, но еще полных сил зверей, они светились обнаженными суставами, черным мясом, пахли животным. Мотоциклисты неуловимо напоминали мне моего братика. На заднем сиденье каждого мотоцикла, обхватив неживыми руками водителя за пояс, располагался манекен в плаще, в шляпе, в темных брюках. Плащ был как у моего Щелкунчика. И шляпа была как у него. Миновав все пробки, безжалостно разрезая тротуары, пугая прохожих, мы за несколько минут добрались до большого и каменного здания. Когда мы подъезжали, Щелкунчик уже выходил из дверей. Четыре наши зверя рычали и подрагивали, дымя. Но даже сквозь этот грохот я услышала, как бегущий вслед за Щелкунчиком наряд кричит: «Майор! Майор, секундочку. Вас требуют...» Щелкунчик легко вспрыгнул на сиденье одного из мотоциклов, и нас словно сорвало злым сквозняком. Столица уже стояла всеми дорогами, машины дымили, солнце жарило. Четыре раза мы встречались со стражами дорог, перекрывавшими нам пути, и легко объезжали их, неповоротливых, уходя в тупики и дворы или проносясь по тротуарам в объезд пробок. Когда преследующие нас были особенно близки, один из наших мотоциклов чуть притормаживал, дожидаясь полиции, и затем уводил их в сторону. Иногда я слышала лай выстрелов.

Обернувшись спустя полчаса, я не увидела мотоцикл с моим Щелкунчиком. «Фриц, — закричала я, — где он?» «Все в порядке», — ответил Фриц. Мы встретились спустя час на пустыре, на окраине города, вдали от сирен и пробок. Фриц подлетел к своим друзьям, и еще за сто метров я увидела, что мотоциклисты курят с напряженными лицами, а Щелкунчик... лежит на земле... и вся спина его расстреляна. Фриц затормозил, я спрыгнула, упала, встала на ноги и подбежала к Щелкунчику. Развернула его — но то был манекен, одетый в бронежилет. За спиной моей раздалось стремительное рычание еще одного мотоцикла. Я обернулась и увидела моего щелкопера, моего Щелкунчика, моего чудака в пенсне.

Мы вылетели с ним из страны на маленьком самолете. Тот человек, что заказал дядюшку, был напрямую связан с главным начальником большого и каменного здания. И поэтому вслед за заказчиком задержали и начальника темниц. Начальник темниц оказался неприлично близко связан с начальником безопасности всего государства, и по принципу инерции повалилась и эта фигура, зацепив еще несколько министров. На этом история не завершилась. За считаные дни опало семь вельможных голов. Последним рикошетом снесло самого премьер-министра, человека с лицом крысы...

Мы летели на самолете, и позади нас, как в кино, раздувалось пламя развала, хаоса, краха: и этот веселый огонь играл на рыжих ресницах Щелкунчика. Через месяц нам позвонили и предложили вернуться. «Теперь здесь все иначе», — сказал Фриц бодро. «Знаем мы ваше иначе», — ответил Щелкунчик. Я тоже думаю, как он. Не знаю, что там у вас, а здесь сверкающие цукатные рощи, прозрачные марципановые замки. Зачем нам ехать куда-то? Дядюшка Дроссельмейер обеспечит нам жизнь. Мы держим клубок нашей судьбы в четырех ладонях. Я расколдовала Щелкунчика, но что мое колдовство в сравнении с его колдовством. Мужчины умеют нечто большее, чем мы. Впрочем, что-то хорошее у них получается только случайно.

СОДЕРЖАНИЕ

Литературно-художественное издание

Захар Прилепин
TERRA TARTARARA:
ЭТО КАСАЕТСЯ ЛИЧНО МЕНЯ

Зав. редакцией *Е.Д.Шубина*
Редактор *А.С.Прохорова*
Технический редактор *Т.П.Тимошина*
Корректоры *В.К.Матвеева, И.Н.Волохова*
Компьютерная верстка *Е.Л.Бондаревой*

ООО «Издательство АСТ»
141100, Московская обл., г. Щелково, ул. Заречная, д. 96

ООО «Издательство Астрель»
129085, г. Москва, пр-д Ольминского, д. 3а

Вся информация о книгах и авторах Издательской группы «АСТ»
на сайте: www.ast.ru

По вопросам оптовой покупки книг Издательской группы «АСТ»
обращаться по адресу:
г. Москва, Звездный бульвар, д. 21 (7-й этаж)
Тел.: 615-01-01; 232-17-16

Заказ книг по почте:
123022, г. Москва, а/я 71 «Книга-почтой» или на сайте: shop.avanta.ru

Отпечатано с готовых диапозитивов
в ОАО «Рыбинский Дом печати»
152901, г. Рыбинск, ул. Чкалова, 8.

Издательская группа АСТ представляет:

Захар ПРИЛЕПИН

ИМЕНИНЫ СЕРДЦА

Разговоры с русской литературой

Прозаик и публицист, лауреат «Национального бестселлера» Захар Прилепин «провел ряд бесед» с русскими литераторами самых разных поколений.

Александр Проханов, Леонид Юзефович, Александр Кабаков, Евгений Попов, Михаил Елизаров, Павел Крусанов, Михаил Тарковский, Алексей Варламов, Сергей Лукьяненко, Алексей Иванов, Денис Гуцко, Максим Амелин, Роман Сенчин, Герман Садулаев, Лев Данилкин, Александр Гаррос, Анна Козлова, Сергей Шаргунов...

Не соглашаясь, споря, радуясь пониманию, удивляясь, писатели рассуждают обо всем на свете: политике, культуре, религии, любви... А сам Захар Прилепин – своего рода голос за кадром, ведь «самое интересное не вопросы, а ответы».